成功班主任案头必备

优秀班主任心育实录

王华平 范增斌 编

航空工业出版社

北京

内 容 提 要

当学生在认知、情绪、性格、品德方面表现偏差或出现心理障碍时，班主任的教育、引导工作显得尤为重要。本书分为7个部分，分别从学生的心理健康、行为问题心理、学习问题心理、人际关系心理、自信问题心理、情绪问题心理和逆反心理等方面进行了全面、细致的阐述，每部分由多个小故事组成，并配有案例分析。

本书适合中小学班主任阅读，也可作为教师培训教材及图书馆收藏。

图书在版编目（CIP）数据

优秀班主任心育实录/王华平，范增斌编. —北京：航空工业出版社，2017.10（2022.3 重印）
ISBN 978-7-5165-1333-0

Ⅰ. ①优… Ⅱ. ①王… ②范… Ⅲ. ①中小学—班主任工作 Ⅳ. ①G635.16

中国版本图书馆CIP数据核字(2017)第233317号

优秀班主任心育实录
Youxiu Banzhuren xinyü Shilu

航空工业出版社出版发行
（北京市朝阳区京顺路5号曙光大厦C座四层　100028）
发行部电话：010-85672663　010-85672683

永清县晔盛亚胶印有限公司印刷　　全国各地新华书店经营
2017年10月第1版　　2022年3月第2次印刷
开本：710×1000　1/16　　印张：14　　字数：160千字
印数：5001—11000　　定价：28.00元

前　言

教师是塑造人类灵魂的工程师，而班主任则是战斗在这一阵地最前沿的战士，是一班之魂。据统计，全国有中小学生2亿多人，有中小学教师近1000万人，其中班主任大约有500万人。他们承担着独特而艰巨的任务，活跃于教育前沿阵地。

教育是艺术，但它首先需要科学的审视，需要我们以理性、客观、严谨的态度，去了解可以做什么，不可以做什么，怎样做才能避免工作过程中的失误，怎样做才能达到预期的结果。这样，才能避免出现因悟性不同而产生巨大差异的情况，才能使班主任在工作中尽快找到方向，从而确保基本的教育质量，不使学生为班主任工作的盲目性与随意性“埋单”。

不管是课改前还是课改后，管好一个班级，犹如搞好一个系统工程，班主任从任职那天起就要有十分强烈的“质量”意识，要真正在培养学生高尚情操、塑造学生美好心灵上下功夫。班主任只有树立起全新的教育观、质量观、人才观，才能培养出适应21世纪竞争形势的创新人才。因此，班主任不仅应该具有崇高的职业道德、无私的敬业精神、渊博的专业知识和科学的教育理论，以及现代教育观念和开拓创新精神，而且还需要不断提高自身的素质修养与专业工作技能，科学而艺术地教育孩子。

《成功班主任案头必备》丛书对班主任的角色、任务、操作系统进行了界定：班主任是全面关心学生发展的人，是学生的精神关怀者，是学生生命中的“重要他人”。因此，班主任应学会精神关怀，学会班级建设，应在具有发展性的班级教育系统中，促进学生的全面发展。

这是一套集思广益的书，分别从班主任的师德修养、心育艺术、语言艺术、新型工作方法、精选教育案例等方面进行了大量翔实、具体、生动的描述，并有针对性地进行了分析提炼，对班主任提高自身的素质和工作技能具有较大的借鉴价值和实用价值，具有一定的指导作用和启发意义。

希望本丛书的出版，能为广大班主任提升自身素质和专业技能提供一定的帮助，推动我国班主任工作事业向着新的高度迈进。

编　者

目录

Contents

作为班主任，对学习有问题的学生，不要轻易放弃，要了解其原因，多从心理的角度去分析，并给予真诚的指导和帮助，要相信爱是可以转变一个孩子的一生的。

班主任是班集体的领导核心，因此受到家长的信任和学生的尊敬，也就是说只有班主任才能发动同学和家长这两种力量来共同完成对学生的教育工作。

第一编

学生心理健康辅导

著名的教育学家韩风曾说过：难以教育好的学生，是没有了自尊心的学生；能教育好的学生，是有着强烈自尊心的学生。

一名优秀的教育工作者，应该尊重自己的学生，维护学生的尊严，注意呵护学生的自尊心。

一个教育者应该爱年轻人，但是仅仅这一点是不够的，他还必须是有对人类优秀品质的正确理解。

——罗素

珍贵的礼物

声音一:“老师,我真的很失败!”

期中考试结束后,班主任匆匆走进教室,学生们静静地等待老师公布考试成绩。老师扫视了全班,孩子们的眼中有太多的担忧和焦急。老师告诉学生周末要召开家长会,班级的气氛顿时紧张起来。老师注意到学生学生甲(女)趴在桌子上哭了。放学了,其他学生都离开了学校,但学生甲却没有离开。她红着眼睛找到班主任说:“老师,我真的很失败!”说实话,这个女学生各门功课都不够理想,不仅如此,每次询问她是否有不懂的知识点,她总是不懂装懂。于是老师决定利用家长会好好和她的家长交流一下。但是当老师看到她那可怜的样子,老师的心也隐隐作痛。这个孩子到底在想些什么？作为班主任难道就只能扮演向家长求救的角色吗？

第二天,班主任打电话给她的家长,希望能进行一次深入的交流。她的妈妈见到老师就流下了眼泪。她的家长告诉老师,她的孩子是多么渴望一次成功！学生不敢告诉老师不懂的知识点,就是因为在小学里曾是佼佼者的她没有勇气面对现在的失败。是强烈的自尊心让这个孩子在家学习到深夜,尽管她的成绩一直不理想。她的母亲边流泪边诉说孩子沉重的心理压力。班主任如梦初醒,才赫然发现学生的成绩和学生良好的心理素质还有巨大的联系,做好心理辅导工作是至关重要的。

在接下来的工作中,她的班主任努力去发现学生身上的优点。一天课前三分钟演讲,学生甲正是演讲者,她流畅的表达赢得了全班的掌声。老师用微笑和掌声表达了对她的鼓励,她第一次露出了笑容。班主任发现了她的长处和闪光点。学校举行演讲比赛,班主任特意在班级内先举行了预赛,由学生组成评委会。老师用眼光鼓励她参加,并且偷偷地给了她一点指导。她在班级预赛中脱颖而出,参加了学校的比赛,并且获得第一名的好成绩。比赛结束后,班主任又及时召开班会,让全班同学分享她的成功。事后,老师对学生甲说:“告诉老师,今天你最大的收获是什么?”她流着泪说:“老师,我太高兴了,我成功了!”

声音二:“老师,我真的知道错了!”

早读课上,一个学生悄悄地告诉老师,昨天宿舍值日学生乙扣分了，而且还趁老师不在时偷偷地用笔画掉了！老师知道宿舍扣分影响到班级分数，还要影响到优秀文明班级的获得。但学生乙的做法是为了逃避责任，老师决定宁可不要这个分数，也要让他明白做人要诚实的道理。

学生乙是班长，成绩优异，但很多同学都发现他很自私，很少管理班级，不肯承认错误。这对这个新组建的班级是很不利的。他是个自尊心特强的男孩子，怎样做思想工作才能让他接受呢？班主任并没有着急找到他，而是经过调查，掌握了他改动值周记录的整个过程，并且和目击学生也谈了心。如果直接在班级中揭穿这件事，学生乙的自尊心一定受伤害，他在班级中的威信也就没有了，效果可能会适得其反。放学时，班主任单独找到了学生乙，询问他宿舍最近扣分情况。他的脸色马上变了，不敢正视老师的眼睛，只含糊地回答了老师的问题。老师近一步追问，值周表上谁改动过，他马上说："我没有犯错"。班主任知道他在保护自己的自尊心，所以就没有问下去。老师说："明天你想好了来找我。"他点点头，就离开了。第二天，他没有来。班主任知道这个孩子肯定有顾虑，怕大家知道他的行为。于是老师就又找到他，语重心长地对他说："老师不喜欢说谎的孩子，只要能承认错误，老师会原谅他的。而且会把这件事情放在心里，不告诉任何人！"他低着头，不说话。老师说："老师给你最后机会，否则以后就永远不相信你了！"他哭着说："老师，我真的知道错了！"班主任悬着的心放了下来，真怕他失去诚实这个宝贵的东西，他没让老师失望。老师帮他擦去泪水，把他搂在怀里，告诉他老师还是很相信他，还是很喜欢他，只是要他吸取教训。

周一的班会课，班主任和同学们说，有一个同学主动承认错误，并且保证永远做个诚实的孩子。举报的同学看看他，会心地笑了！学生乙很意外，他没有想到在他犯错之后，老师会侧面表扬他。他感动地眼睛红红的，老师知道从此他一定会做个诚实的孩子。

新年来临时，学生乙送了班主任一张卡片，说："老师，很感谢您保护了我的自尊心，我终于找到了原来自信的我。谢谢您的教导！"。学生乙在班委改选中再次以较高的票数得到同学们的认可，他主动要求当纪律委员。班主任想这孩子长大了，并得到了一生中最为珍贵的礼物。

案例分析

著名的心理学家马斯洛说过："企盼社会对自己尊重，是一个人天性的需要。"在我们的教育教学中，教师对学生的尊重和引导，对学生的帮助和转化是巨大的。

自尊是学生极其珍贵的心理品质，是他们自我教育、自我调节、自我发展的内在动力。教育者就是要千方百计地保护孩子最珍贵的东西——自尊心。一个国家有它的民族自尊心，同样一个人也有他的自尊心。我们在日常生活中经常提到"给我留点面子"就是说要让别人尊重自己，保护自己的自尊心。

著名的教育学家韩风曾说过：难以教育好的学生，

是没有了自尊心的学生;能教育好的学生,是有着强烈自尊心的学生。一名优秀的教育工作者,优秀的人民教师应该注意多多运用激励的方法,保护学生的自尊心,不单单是学生尊敬老师,教师也应该尊重自己的学生,维护学生的尊严,注意呵护学生的自尊心,这才是正确的激励措施、正确的引导方法和正确的教育方法。

把高傲伪装起来，并不就是谦虚。不如暴露自己某些不能克制的缺点，把它变成一种力量。

——杜伽尔

“老鼠公主”长大了

在某校六一儿童节全校联欢晚会上，由一年级(3)班的小学生王季舒为大家表演的课本剧《老鼠嫁女》眼看就要上台演出了，后台却出了乱子，“老鼠公主”王季舒嫌舞台的地板太脏，硬是不肯表演了。这可急坏了班主任马老师。无论大家怎么劝说，王季舒只是摇头，憋红的小脸一句话也不说。她呀，罢演了。马老师的心里最清楚，这孩子的脾气一上来，几头黄牛都拉不回来。结果呢，辛辛苦苦排练了几个星期的节目，临上场时却因为“女主角”出了问题而被迫换掉……

这个故事是王老师在刚刚做一年级(3)班的班主任时听以前的老师说的。班上面有这样一个“小公主”，让王老师感到以后的教学工作一定不会很顺利，但是王老师还是决定要会会这个“小公主”，于是王老师心里下定决心，要彻底改变这个倔强的“小公主”。

开学的头两个月，王老师就充分地领教了这位“小公主”的脾气。不谈学习还好些，一上课她就像变了一个人一样，手里的小动作从来没停过；叫她发言，她的回答就是沉默，写作业的事好像与她无关。第二天检查时她面无表情地站着……显然，她已经习惯了不写作业、不发言，习惯了被老师批评，她在用她的习惯来对付王老师。机会终于来了！那天，在学习语文课《钱塘江观潮》时，王季舒突然举手发言，太难得了，王老师赶快叫起她来。“老师，我爸爸去过钱塘江，把大潮用摄像机拍下来了。”“是吗？太好了！”王老师接着说，“如果你爸爸有空，可以请他来给咱们放一放录像。”

课堂上一个随意的小插曲，王老师并没有放在心上，可下午到校时，王老师却惊呆了。王季舒的爸爸背着摄像包站在教室门外，他是专程陪女儿来放录像的！听他说王季舒中午一回去就闹着让爸爸找录像带，他们全家一中午都没休息，又是找带，又是整理内容。下午爸爸也推掉了其他的事情。王老师激动得不知说什么好，连忙带她爸爸坐下，然后跑上跑下地联系换课，联系教室。

电教室里，王季舒的爸爸热情地为全班学生讲着观潮时的景象，王季舒的脸上洋溢着无比的兴奋与自豪。那天下午，王老师专门抽了半节课的时间给全班同学讲王季舒如何放弃了午休时间和父母一起为他们找录像带，她的爸爸如何推掉其他事务来为我们服务。全班同学用掌声向王季舒表示感谢。王老师不经意间看到她笑了,笑得那样灿烂。她不是无可救药的,她依然可爱!

于是,王老师时常留心观察王季舒,时常找她聊天。她的朋友很少,王老师问她为什么,她回答说:“我不想和他们玩。”直觉告诉王老师,王季舒拒绝接受别人是因为她的自卑。而导致她自卑的原因是因为学习跟不上,老师经常批评,别的同学也把她当差生,父母也为她的学习头疼。学习成了负担,成了压抑她个性发展的包袱,久而久之,她选择了最有效的回避方法,就是沉默。

然而,要想把她的学习抓上来,最重要的是家长的支持与配合。于是王老师请来了王季舒的妈妈,和她交谈中王老师发现,这是一对很尽职的家长,他们比任何人都希望自己的女儿能成才。可是希望越大,越经不起女儿学习不好的打击,越没了教育方法。

“唉,同事们都说我女儿长得漂亮,可漂亮有什么用呀?一提起学习来,我都羞得脸红。”

“每次被老师请到学校来,听到的全是烦心的事儿,回到家我和她爸爸就整夜整夜地睡不着觉,发愁呀……”

“说实话,我都怕到学校,怕见老师……”

一句句话重重地敲在王老师心上,王老师感到自己的责任重大。

看来,家长的心理健康与否,也与老师平时的言谈举止有很大的关系，也许我们不经意的批评、数落、指责给家长带来了沉重的心理压力，细想想，怎么不是呢？在家长的眼力，自己的孩子就是最宝贝的，最好的。他们哪经得起接受自己孩子差的事实，哪经得住老师三番五次的批评呀！除了要做好孩子的心理转化工作外，家长也应该是我们当老师的尊重和重视的对象，家长同样需要鼓励与支持呀！

王老师和她的家长协商，为王季舒准备一个通讯本。每天由老师把王季舒在校的表现和当天的作业写下来，让她带回家，再由家长对照督促完成，最后签上字。第二天再让她带来交给老师……

第二天，王季舒果真带来一个小本子，上面有她妈妈写的一段话。“我们一定配合老师把王季舒的学习抓上来……”

从那天起这个小本子就在王老师和王季舒还有她的家长之间架起了一座桥。“她的作业比昨天写得认真了”“她今天上课举手发言了”“她语文测试得了 92 分”……王老师每次都不忘写上几句表扬的话，意在让王季舒看了得到些鼓励，也让她的家长得到些宽慰。一天天，小本子的传递从没因为任何原因而中断，王老师暗暗为自己能这样坚持而吃惊，其实这也要归功于王季舒家长的努力，他们互相支持着……

有了这个小本子，王季舒的作业不完成的次数越来越少了。她有点滴的进步，王老师总会及时在全班表扬她。全班同学也会由衷地为她的进步鼓掌加油！她在一点一点地改变着。一切都走上了良性循环的道路。

这其中也有过反复，也有过王季舒的不配合，可王老师找到了改变她的方法，那就是加倍的关怀，加倍的鼓励。王老师默默地关注着这个孩子，他发现在这个孩子身上有许多可爱之处。是啊，她只是一个十岁不到的孩子，无论如何她都是可爱的！

第二学期，小本子依旧在传递，只是由老师写变成了王季舒自己写。她的学习成绩有了很大的进步，还当上了小组长，现如今她已经是个五年级的“大学生”了。一年的时间过去了，不知从什么时候起小本子不再传递了，因为王季舒已经能自觉地学习了！

案例分析

自卑心理是一种自己看不起自己、悲观失望的消极心理。自卑心理在许多学生的身上都或多或少的存在，他们妄自菲薄，总是以一种悲观失望的心态来看待问题，这种心理造成了他们在性格上孤僻保守、封闭孤独，在同学关系上表现为“不合群”，喜欢我行我素，不善于与同学交往。

在上面的故事里，王老师通过自己的不懈努力和长期的坚持，终于彻底的改变了倔强的“小公主”。王老师采用的方法就是，用自己的爱心，自己的诚心，自己的热情，自己的鼓励来感化具有自卑心理的王季舒。最终王老师成功了。当然，王季舒的家长也积极的配合老师的教学工作，付出了巨大的努力。

自卑和自信是一对矛盾。教师对学生的心理辅导就是要帮助学生克服自卑，建立自信。诚心、爱心、热忱和激情是自卑心理的克星。用自己的诚心和爱心来感化自卑的人，还给他们以激情和热忱，帮助他们树立人生的自信心，这是克服自卑心理的有效途径。

海伦·凯勒是19世纪著名的作家和慈善家。但是有谁能想到这样的一位毕业于美国哈佛大学的伟人居然是一位身有聋、盲、哑三重残障的人。海伦·凯勒小时候的一场大病让她成为了聋、盲、哑三重残障的人，从此她就具有了非常严重的自卑心理。她开始变得脾气暴躁，爱发脾气，喜欢摔东西，整天哭闹，甚至自杀。她的父母没有办法就把她送进了孤儿院，并给她找了一位老师，也正是因为这位老师的出现才彻底地改变了海伦·凯勒的精神世界，帮她重新建立起了自信，永远抛弃了自卑。这位老师就是安妮·莎莉文老师，一位和她有着相同经历的人。

安妮·莎莉文每天都在与海伦·凯勒搏斗，为了给海伦·凯勒进食，莎莉文需要和她进行挣扎，进行搏斗，因为海伦·凯勒要绝食。当经过无数次的摔跤、搏斗、挣扎，莎莉文成功了。她用那无比的诚心和爱心把自信的种子深深地埋进了海伦·凯勒幼小的心灵，使海伦·凯勒成为了享誉世界的名字，以至于美国小说家马克·吐温说："19世纪有两个奇人，一个是拿破仑，一个是海伦·凯勒。"

作为一名教育工作者，一名教师，一名班主任，应该有爱心、有耐心、有诚心，因为没有人能够经受住爱的洗礼，因为有了爱，这个世界才会更精彩。

只要用心去爱每个学生，
就能取得成功。
——陈希清

用爱开启孩子的心灵

小薇是小学一年级学生，沉默寡言，性格内向，在学校里很少与人交往，特别是与老师始终保持着一定的交往距离。有时，老师试着想接近她，但有问未必有答。她的学习成绩差，每课一练经常红灯高挂。做错的习题非得老师在旁边一一指导方能完成。上课时，注意力集中的时间很短，记忆力也比较差，一节课学习十个生字，她最多记住两三个。对词语和句子的学习就更困难了。上课时从不举手发言，即使开“小火车”轮到她，她站起来以后，也是把左手往太阳穴一指，紧锁双眉，一脸痛苦的样子。

刘老师是小薇的班主任，发现小薇的情况后，就对小薇进行了家访，在家访过程中刘老师了解到，小薇的父亲在她满月以后就出国了,一直没有回来过。她从小与母亲生活在一起,学习、生活都是母亲操劳。她母亲说:“孩子在家里其实很活泼,话也很多,只是在学校里与老师同学不熟悉,所以不愿意与人讲话、交往。”是啊,一个习惯于母女两人世界生活的孩子,能不对其他环境产生陌生感吗?

从以上的情况进行分析,难看出,小薇从家里来到学校以后,环境的不适应造成了学习的困难。而造成环境不适应的主要原因是她情感上的饥渴,她无法适应离开了母亲关爱的生活。要让小薇在学习上走出困境,先要从情感上满足她,帮助她适应学校的生活,适应与同伴和老师交往。

走近小薇,多给她一点鼓励,多给她一份关爱,这是缩短师生情感距离的重要环节。在课堂上,刘老师竭力捕捉她身上的闪光点,哪怕在课堂上能与刘老师对视一下的细微神态,刘老师都不放过,都给予及时的表扬。当她为读不出生字而苦恼时,刘老师悄悄地走过去,亲切地拉起她的手,安慰道:“别着急,好好想一想,你一定行!伙伴们为她加油啊!”同学们就一边拍手,一边喊加油。同学和老师的关爱给了她丝丝暖意,让她从心底里觉得老师是可亲的,同学是可爱的。

在争“说话章”的活动中,要根据低年级学生要求上进、期待表扬的心理特征,刘老师找她谈心,并问她:“你想得到‘说话章’吗?”她微微地点了点头。“只要你上课敢举手,肯发言,就一定能得到它!我们一起努力好吗?”第二天的语文课上,刘老师仔细地观察她。她的小手悄悄地正准备举起呢!但是看得出她还在犹豫,还在斗争,老师不动声色。下课以后,老师拉着她的手说:“老师看到,你今天进步了。明天能把手再举得高一点吗?那样,同学们也都能看到了。”她轻轻地回答了一声。

第二天当她胆怯地举起小手时,老师马上告诉同学们,同学们都情不自禁地鼓起掌来。在同学们的掌声中,她读出了学过的生字和词语。虽然,她的声音很轻,小脸也涨得通红,但她终于迈出了可喜的一步。经过一段时间的努力,小薇终于得到了“说话章”。当老师把“说话章”佩戴在她的胸前时,她笑了,笑得那么甜,那么可爱。在她的笑声中,师生和伙伴之间的距离缩短了。

多一点热情,多一点耐心,这是帮助小薇提高学习成绩的重要条件。每当她做作业时,老师总是细心关注,在她最需要的时候,给予帮助。在她作业有了错误时,一遍又一遍地教。

卡耐基曾说过:“使一个人发挥最大能力的方法是赞美和鼓励。”因此,在作业中,尽管她有很多的错误,但是刘老师总是指着她写对的地方鼓励她、表扬她。恰如其分的表扬和鼓励提高了她学习的积极性和自信心。

降低坡度,因材施教,这是使小薇在原有基础上有所提高的重要措施。写话教学时,刘老师从小薇的实际出发,专门为她制定了写话目标:先写清楚一句话,在此基础上写好几句话乃至一段话。不断为她创造成功的感觉,让她尝试成功的喜悦。引导她走出失败的阴影。真是功夫不负有心人,在老师与同学的共同努力下,她写出了这样的一段话:“聪聪家养了一只可爱的小兔。红红的眼睛像两颗红宝石,长长的耳朵,身(子)胖胖的。聪聪跪在兔笼前,把胡萝卜塞进笼子。小兔用前爪把胡萝卜送到嘴里,吃得津津有味。聪聪见了高兴极了!”

创造机会,积极锻炼,这是活跃小薇身心、扩大接触面、加强人际交往的有效办法。刘老师先利用学习小组,为她创造与同学交流、交往的机会。有时,有意识地请她代表小组发言、做汇报。还鼓励她和同学一起表演课本剧,排练舞蹈。在迎接元旦的日子里,他们小组排练的舞蹈是“傣家小孔雀”,在节目里,看她手叉腰间,左手高高举起,抿着嘴一个劲地笑,那眼睛是多么的明亮,笑容是多么的灿烂。看得出,她封闭的心扉已经敞开,她的潜能正在激发。

经过师生共同的努力,小薇的性格逐渐地变了。她变得开朗、活泼起来,与老师和同学的话也多起来了。上课注意力也相对集中了。教师节的时候,她亲手画了一幅画送给刘老师。画面上有一个女孩在跳舞,气球升空,焰火灿烂。画的背面,写着一句话:“刘老师太忙了,送给刘老师。”

看着这幅稚嫩的画,刘老师感慨万千。学生就像一粒种子,只是发芽开花有迟早。只要老师多一点真诚,多一点耐心,多一点宽容和理解,智慧的花苞终将会开放。

案例分析

在上面的故事里,我们可以看到,小薇从小就没有父爱,一直生活在和母亲相依为命的环境中。这样的环境造成了她对陌生环境的不适应。

故事里的班主任刘老师通过自己的爱心，把陌生的环境改变成了小薇熟悉的环境，同样让她感觉到在班集体里和在妈妈身边没有什么两样，到处都充满了爱。

作为班主任要明白，爱是可以改变孩子一生的，只有对学生的关爱，才能让学生体会到温暖。尤其是对些沉默寡言、性格内向的学生来说，他们更需要老师的关爱。

爱心永远是打开心灵之门的钥匙。

少些单调的说教，多些关怀和信任。尊重学生，做学生的知心朋友。

——连爱琴

她又寻找到了以前的快乐

举手发言，对小学生来说，是一件再平常不过的小事。谁会想到，哪个学生会为了发言这件小事而产生心理问题呢？本案例中的小女孩，却确确实实为了这个问题而苦恼了好一阵子。

小苏是小学四年级的学生，表情总是很忧郁，说话时低着头，从不敢看人，显得很焦虑。据了解，小苏上四年级时，是从外区的一所小学校转入目前就读的重点小学的。在转校时，父母、亲友曾教育她，说这是一所重点小学，教育质量很好，老师要求很严格，学生中小能人很多，并反复关照她，要她进新学校以后努力学习，千万不能落后。在原来的学校小苏学习成绩每门都在 90 分以上，但父母说，那儿的 90 分抵不过这儿的 80 分。刚到新学校，小苏对一切都有点不习惯。上课、作业等方面老师都

有不同的要求,小苏只能努力慢慢地适应。她非常留恋原来的学校,想念原来的老师和伙伴,因此心情一直不是很愉快。

一次语文课上,小苏心血来潮,举手发了言。可是回答错了,招来同学的一阵哄笑,还遭到老师的批评和责问,老师说她上课不认真听讲,还说她没脑子,这么简单的问题都回答不出。小苏当场脸涨得通红,自己也不知道后面的课是怎么上完的。从这以后,小苏上课再也不敢发言了,还发展到上课时一听到老师提问就紧张、脸红,不敢抬头看老师。不仅是语文课,其他课上也是这样。现在,上课时注意力无法集中,作业错误率多,学习成绩下降,只能考到六七十分。下课后也不敢和老师、同学交往。

小苏自己知道这些跟上课不发言有关。因为在原来的学校,她上课发言是很积极的,经常得到老师的肯定、赞赏。她也曾请母亲到学校找老师联系过,说孩子胆小,希望老师给小苏一些发言的机会。但由于小苏从来不主动举手,遭到老师的忽视。现在尽管小苏自己很努力,上课时总是告诫自己,回家后做很多习题,但没有什么效果,成绩仍然上不去。新的学期又来了,她真不知道怎么办才好。最后,她找到了班主任徐老师,把自己的担心与焦虑告诉了徐老师,并请求老师帮忙。她还向老师提出一个有趣的要求,希望徐老师写张纸条,让其他任课老师能主动让她发言,她说只要她上课能发言了,她的成绩自然就上去。

徐老师对小苏的这些症状进行了分析,认为她患的是暂时性的学习焦虑,这焦虑主要是由环境因素引起的,她必须面临新的适应。转学时,父母和亲友对她的教育给她带来了一定的压力,无形之中使她产生了自卑感,认为在新的学校里,她是不行的。转校以后,课堂上的一次偶然的失败,错误信念占了上风,并形成了这样的错误解释:在新学校里,我是无能的;老师是苛刻的,令人害怕的;同学是爱嘲笑人的,不能接近的。在这种错误信念的支持下,每当上课时,她关注的不是学习内容本身,而是自身行为会遭来老师与同学什么样的反应。加上她以往的学习经历,她就认定自己的学习成绩下降是由不发言所致。进而又为发言而焦虑,导致焦虑的加剧。精神上的焦虑影响了她的学习情绪和学习效果,导致成绩下降,引发进一步的焦虑。如此反复循环,焦虑加重,以致出现上面提到的一些症状。

徐老师先是安慰了小苏。然后告诉她,一个学生,来到一所陌生的学校,要认识新的老师,新的同学,要有一个适应的过程,出现一些像她这样的情况是很正常的。只要努力调整,一定会适应新的学习生活的。徐老师还告诉她自己意帮助她,同时也要让她学会自己帮助自己,小苏笑了。

根据小苏的实际情况,徐老师制定了辅导目标,逐步减轻小苏上课时的症状,减轻她的焦虑,修正错误的信念,实现认知的转变和重建。辅导主要分以下几个阶段。

第一阶段:讨论发言与学习成绩的关系,减轻对发言的焦虑。

小苏有了一次失败的经历后,再也不敢举手发言。可是由于以往的经历和目前的学习现状,导致她的归因不当。她把以往的成功归因于上课的积极发言，把现在的成绩下降也归因于发言。她心中形成了这样一个假设：以前我积极发言，所以成绩优良，现在我不敢发言，成绩才下降。我一定要再争取发言，学习成绩才能提高。但是，我现在一发言，就要遭到老师的批评，同学的嘲笑。于是她就整天陷在苦恼中不能自拔。

针对这一情况，徐老师先和她讨论了她提出的要求有没有实现的可能性，即给上课老师写纸条，老师主动请她发言。老师请她假设，如果她的回答不够正确，将会出现什么情况，自己又将怎样？在她否定了自己的要求以后，老师又和她探讨了发言和成绩的关系。然后让她回忆，在她过去和现在的班级中，成绩优秀的是不是都是那些积极发言的人？答案是否定的。再让她回忆那些抢着发言的同学是不是一定成绩优秀？答案也是否定的。然后，再一起探讨取得优秀成绩跟哪些条件有关。通过探讨，小苏懂得，积极发言只是取得好成绩的一个方面。学习成绩还跟浓厚的学习兴趣、良好的注意力、正确的学习方法有关，成绩的好坏还跟自觉地预习和复习、认真细致地做作业、好问深思等学习习惯有很大关系。自己没有必要整天为不发言而担心。她也明白了自己上课时总是担心，分散了注意力，影响了听课效果，导致作业错误率升高，成绩下降。

最后，徐老师指导她在上课老师提问时，把注意力从关注自己发言转移到关注同学回答上。并给她布置了一个作业，听同学发言，看他们的回答是否都正确，如果有错误，同学们有什么反映。要求她每天做一次记录。

第二阶段:探讨发言错误,同学嘲笑的问题,减轻小苏对同学的焦虑。

一周以后,小苏对徐老师说,现在自己对发言的担心已经没有以前严重了。她说,其实同学的发言也不是每次都正确。回答错误后,有时会有同学站起来指正;有时问题比较难,大家都没什么反应,就等老师讲;也有时大家会笑起来,但笑过以后就像没发生什么似的,大家继续学习。徐老师问她,同学的笑是不是故意的嘲笑?她想了想说,只是答案让人觉得好笑,就很随意地笑了,其实没有什么嘲笑的意思。接着要她回答,在这样的情况下自己笑不笑,自己的笑是不是嘲笑别人?她点了点头,然后又摇了摇头。临结束谈话时,徐老师请她谈谈自己今天有什么收获。小苏说,她懂得,上课时因为发言而引发的笑,不是针对同学的,而是答案本身让人笑。当时大家都是随意的,并没有什么恶意。自己因为有过一次经历就认为同学是要嘲笑人的,这种想法是不对的。最后,徐老师又布置了一个作业,要求她上课时再观察一下,当同学发言出现错误时,老师是什么表现,每个老师在不同的时候是否同样表现。

第三阶段:探讨发言错误要遭老师骂的问题,减轻小苏对老师的焦虑。

这一次,小苏迫不及待地告诉徐老师,她发现,原来新学校的老师也都很好,他们不像自己原先想象的那么凶、那么不讲理。在同学发言时,老师一般都很认真地听,同学说错了,也不是马上直接批评,总让其他同学补充,然后再分析对和错。偶尔

老师也有批评的，那往往是某个同学思想开小差，老师便让他发言，他前言不搭后语，老师就要批评了。她还告诉徐老师一件事，这次作文，她没写好，语文老师没有批评她，而是在课后耐心地对她进行个别辅导，指出她写作上的问题，指导她怎么写好作文。她真想不到原来语文老师也这么好。徐老师顺势把话题转到她上次的失败发言上，讨论老师那次的表现为什么会这样。徐老师告诉她，老师也都是平常人，有时自己身体不好，有时心情不好，每当这样的时候，碰到一些事情就特别容易烦，容易生气。谁不小心就会撞在枪口上，就会挨骂。作为老师，要努力提高自己的修养，不把自己的情绪带到教室里；作为学生，要学会体谅老师。小苏明白了什么似的点了点头。

通过前一段时间的工作，小苏用自己所见到的事实检验了她原来的信念，证实她原来的那些信念是站不住脚的，她的认知发生了转变。接下来的重要工作是让她通过尝试来建立新的信念。这次，徐老师给她的作业是从自己最喜欢的音乐课开始，尝试举手发言，成功以后，再尝试在其他课上发言，可以选一些比较简单的，自己十分有把握的问题来回答。

第四阶段：在尝试中重建新的认知，消除转学带来的焦虑。

在上次谈话后的第三天，徐老师又与小苏进行了一次交谈，她高兴地告诉老师，音乐课上，她已经发过言了，老师表扬了她，她很高兴。于是徐老师鼓励她继续大胆尝试，指导她在语文课上主动争取朗读课文一类的表达机会，在事先可以做好充分的准备。

当徐老师观察小苏在课上的表现时，发现小苏已经可以抛弃以前的忧郁、焦虑，在正常状态下学习了。她还告诉徐老师，昨天的语文课上，她举手要求朗读，老师请她了。读完后，老师还表扬她，说她敢于举手发言了，读得也很流利，希望她以后继续努力，声音还要响亮一点。徐老师夸她真不错，在短短的时间里就有了不小的进步。她有点调皮地说：“我本来就是不错的。”“那你为什么转学以后状况一直不好呢？”徐老师问，她想了想说：“其实在转学以后，我对自己信心一直不足，总担心自己不行，在学习的时候，我总想着爸妈的话，什么90分不如80分之类的话，总觉得自己矮人一截，加上上课遭到老师批评，同学嘲笑，我简直觉得在这儿呆不下去了。”徐老师引导她进一步思考：“表面上看，问题出在发言上，实际上跟什么有关？”她沉思了一会儿说：“可能是跟自己信心不足有关吧。自己信心不足，就找借口说老师凶，同学嘲笑，自己不敢发言等等。”徐老师为她鼓掌，她终于领悟了。徐老师告诉她，无论做什么，信心是最重要的，有了信心，再难的事都能做好。现在，她已跨出了第一步，只要充满信心地走下去，学习成绩一定会上去，其他方面也一定会很出色，她听着，眼睛里闪着亮光。

在以后的一段日子里，小苏生活得很好。偶尔有些小问题，出现一些反复，闹些小情绪，都能很好解决。现在，又一个学期要结束了，在学期考试之前，徐老师约她进行谈话，她很有信心。考试结束，成绩揭晓，各科成绩大有进步。更主要的是，她对做任何事都变得有信心了。无论是上课，还是参加课外活动，她都很积极，也学会了主动和老师同学交往。她又成了一个快乐的小女孩。

案例分析

什么是老师？老师就是要“学为人师，行为示范”。只有做到了这一点，才能真正无愧于太阳底下最光辉的职业。作为老师、班主任，一定要明白，老师的一举一动都会不经意影响到自己的学生。老师的言行经常成为学生们竞相模仿的对象，老师无意的言语也会伤害到学生幼小的心灵。因此，作为一名教育工作者，尤其是班主任，一定要时刻注意自己的言行，控制自己的情绪，万万不可把自己的消极情绪、愤怒情绪带到课堂教学中来。

本案例的成功之处在于通过让学生自己观察体验，协同检验自己的信念，在信念不能证实的基础上，让学生通过实践来领悟，从而实现认知的转变和重建，班主任在整个辅导过程中充当心理咨询师的角色，为学生进行引导。

学生的心灵是脆弱的，它需要班主任和任课教师的呵护。教师需要体察每一位学生的心理，注意观察他们，留心他们的言行举动，注意发现他们潜在的问题，并采用适当正确的方法加以预防。

一个学习优秀的学生必然有着非常自信的心理，

可以毫不夸张地说，信心是衡量学生学习成绩的标尺。在老师的教学过程中，要努力培养学生的自信心，让学生健康地学习和成长。小苏的故事可以让每一位老师认识到，一名原本非常优秀的学生，也可因为一次举手引发的批评和嘲笑而让她失去往日的自信，导致学习成绩一天不如一天。这从一个侧面告诉所有的老师，一定要尊重学生，帮助学生树立自信心，这是孕育优秀班集体的关键所在。

除了人格以外，人生最大的损失，莫过于失掉自信心了。
——培尔辛

一个初二女生的悲剧

一个花季少女，处于人生的黄金季节，却因为学校里的考试排名而服毒自杀。这起新闻事件引起了教育界和新闻界的广泛关注，它值得每一位教育工作者，每一位人民教师去反思教育机制，去反思教育方法。它再一次呼吁社会：请关注学生的心理健康，尊重学生的人格尊严，呵护学生脆弱的心灵，珍爱学生，就是珍爱生命，就是珍爱祖国的明天。

市某中学初二年级的学生李楠（化名），因学校公布考试排名成绩而服毒自杀。李楠在自杀前没有留下任何的征兆，更没有留下遗嘱，但是它留给了人们太多的思考。

"小楠的离开真是很突然，离开的前一天晚上也和平时一样

很早睡觉了”。李楠的母亲至今也想不明白女儿为什么选择了自杀。

5月15日清晨,因为天空下起了小雨,李楠的父母没有像往常一样很早就去地里干活,而且当天是周六,李楠不用上课,一家人一起吃了早饭。之后李楠收拾了房间,就开始写作业,和平时没有不同。9点多的时候,外面的雨停了,李楠的父母下地干活去了。

中午11点半,李楠父母回家吃过午饭后就又到田地干活去了,家里剩下李楠、她的弟弟和一个傻叔叔。“叔叔在睡觉,姐姐也没学习,她让我出去玩,而且她自己也出去了,但是我们没在一起,我不知道姐姐去哪儿玩,等我回到家,看到姐姐躺在炕上,我以为她在睡觉,就没理她,但姐姐平时白天好像不睡觉。”10岁的弟弟回忆说。李楠邻班的一个学生说:“我听一个跟她关系很好的同学说,她在自杀以前,要了班级同学的电话号码,之后还在他们村的铁路路轨上徘徊了一阵呢,回家不知道怎么就喝农药了。”

晚上6点多的时候,李楠的父母从田里回来,见李楠躺在床上,叫她也没吱声,上前一看才发现女儿已经停止了呼吸,马上送到医院抢救,但一切都已经太晚了。“回到家后,发现在桌子上放了一个没有标签的瓶子,现在瓶子已被警察带走了。”想到这儿,李楠母亲情绪显得非常激动。

是什么致使这个花季少女选择这种极端的方式结束自己的生命,成了各方争议的焦点。当相关记者再次来到李楠的家时,她的父亲正蹲在大门外拼命地吸着烟，母亲坐在门槛上摆手示意记者不要采访，10 岁的弟弟用草棍在地上画着什么。

李楠的父亲一直低着头，40 多岁的样子头发有些花白，面容略显沧桑。他回忆着女儿的性格，“李楠打小就不爱吱声，很省心，学习也不用操心，但孩子上了初二后，明显地感觉她压力很大，总是捧着书本看，有时出去玩也是去同学家学习。”

据一位自称是李楠所在中学的李老师透露，李楠自杀的原因可能是期中考试排名下降了几十名。李楠的一位同学说，李楠今年大概十三四岁，平时就是一个很老实的孩子，很内向、心事较重，学校刚开过家长会，可能对孩子影响很大。

李楠自杀前有过一些迹象，几个月前她曾经画过一幅画，画中是一个小女孩流泪，而在她自杀前还给要好的同学打过电话。“我觉得公布考试排名，对孩子来说是不利的。如果单学校老师知道就行了，没必要让学生和家长都知道。本来学习压力就很大，加上排名就更压得孩子喘不上气了。做了这么多年的老师，我觉得考试排名公布应该废除。要不以后还会有更多的李楠出现，中学更应该注重一些学生的素质教育。”李老师说。

随后记者在李楠曾学习过的初二(14)班，教室左边的墙上，看到了一张本学期期中考试的成绩单，上面名字的先后是按照成绩高低顺序排列的，而且在名字的前边用圆珠笔标着排名，其中李楠在班级的排名是第 11 名。而这一栏最后的备注项中写着“(91)”，记者看到在备注栏中的数字有的却没有“( )”的标记。班里一名男学生说，“最后一项是年级的排名，李楠这次的年级排名后退了。”

在初二年级的教室走廊中，记者又随意问了几个同年级的学生，“每次考试成绩一张贴出来，成绩不好的同学就很明显可以看得出，心情很糟糕，表现很沉默，但是李楠所采取的行动也太可怕了”，一个看起来很开朗的女孩说道。“她怎么就不想想父母呢，我们的父母很辛苦地在家种地，还要供我们上学，很不容易的。”旁边的学生接着说道。

案例分析

每一个人都有自己的自尊心和自信心。作为一名教师尤其是班主任要尊重学生的自尊心，帮助学生树立自信心，引导学生生理上和心理上健康的成长。作为教育工作者应真正意识到这一点。

在上面的新闻事件里，可以清楚地看到：学校采取的公布学生的考试排名成绩过程实际上已经变成了对学生自尊心严重伤害的过程。当学生的自尊心受到伤害时，他们往往以一种最原始而又令人震惊的反抗方式告诉教育工作者：学生也是大写的人。当一个学生对未来充满信心，对学习充满热情，那么它取得好的成绩就是顺理成章的事情。教师应该在培养学生的学习兴趣，学习热情上下功夫，而不是在学生那脆弱的心灵上划伤。

另外，值得关注的是，学校的教师、班主任应积极的和自己的学生开展交流活动，帮助学生疏导低调消极的情绪，及时化解他们内心的烦恼，让他们拥有一个积极、健康、快乐的心态，还给他们一个金色的美好时光。

世界上最宽阔的东西是海洋，比海洋更宽阔的是天空，比天空更宽阔的是人的心灵。

——雨果

摆脱心理的困境

李军是初中三年级的学生，父母离异后，与母亲一起生活。读初一、初二年级的时候他学习状态很好，课堂上总是踊跃发言，成绩也不错，和同学非常合群，集体荣誉感也很强，因此深得老师和同学的信任。但进入初三年级时情况就慢慢地发生了变化：先是课堂上、课后几乎没了他的声音，他也不再与同学交流，也不再关心集体，成天紧绷着脸，后来连作业也不做，课堂上经常睡觉，甚至经常无故缺课，成绩一落千丈。

原因分析：

一发现他的变化，班主任于老师便及时与李军的家人联系，并到他家去做家访。在和李军母亲的交谈中于老师了解到，他的父亲是个极其粗暴的人，在他年幼的时候，就经常受到父亲的打骂。但是，当父亲心情好的时候，又会满足他一切合理与不合理的要求，这就造成了他既胆小怕事又固执任性的性格。不久前，父母离了婚，使他受到很大打击，情感变得很脆弱，心理压力增大，觉得自己在同学面前抬不起头来，干脆就把自己反锁在家里，不去上学，采取有意回避的态度，压抑自己。通过这次家访，于老师明白了李军不上学的原因是受到心理上的困扰：由于家庭的突然变故，使他失去原有的心理平衡，变得焦虑不安，感到孤立无助，继而逃避，这是一种高度焦虑症状的消极心境。在这个时候，如果家长和老师不闻不问，或批评责骂他，不仅不会消除这种不健康的心理，反而会增强这种心理。长期下去，最终将导致他以冷漠的眼光看待一切人和事，更加孤立自己，直至不可救药的地步。

于老师知道了问题产生的原因，就制定了相应的解决对策：

第一步：加强与李军父母的联系，说服其家长要尽到做父母的责任，使他摆脱心理困境。

于老师认识到造成他心理不堪重负的原因主要在于家庭，因此，于老师加强与其家长的联系，让其父母认识到家庭教育的重要性和责任感，使这个不完整的家庭也承担起教育孩子的重任。于老师一次一次地用课余时间进行家访，做好李军母亲的思想工作，希望她勇敢的面对现实，树立起生活的信心，尽量不要在孩子面前哭诉，因为这样于事无补，反而会增加孩子的心理负担，影响他的健康成长。此外，于老师还设法联系到李军的父亲,说服他多用花一些时间去关心孩子,尽到一个父亲的责任。经过多次推心置腹的交谈,李军的父母终于接受了于老师的建议。由于家庭与学校共同努力,李军的心理发生了微妙的变化,不再逃避,也愿意再跟同学们交往了,渐渐地他回到学校上课了。

第二步:在师生间、同学间架起爱的桥梁,使李军感受到集体的温暖,恢复心理平衡。

一 开始,李军还不愿上学,于老师去到他家里时,他老躲着不见,或是一问三不答。于老师知道这是防御心理的表现,其实他内心还是渴望得到别人的同情和关心的,他极需要被爱的感觉。于老师也不急躁,以极大的耐心和热情地给他讲班里发生的趣事,讲同学们是多么希望他回到学校,和他们一起学习,一起活动。于老师主动与李军接近,缩短彼此之间的心理距离,想用集体的温暖来消除他内心的焦虑和冷漠。同班级同学知道这种情况之后,主动利用放学后的时间,陪他聊天,给他讲讲学校组织的各种各样的活动……慢慢地,他的表情没有那么呆板,渐渐地露出了一丝笑容。但于老师并不满足于此,一直寻找让他重新振作的契机。于老师了解到李军的自觉性很强,也很爱读书,即使没来上学的日子,他都坚持自学。有一天上课时,于老师提出一个问题,很多同学不会答,竟意外地发现这孩子眼里露出一点笑意,于是就抓住这个机会提问他。开始,他涨红了脸,讲得结结巴巴的,于老师用鼓励的眼神望着他,亲切地对他说:“老师相信你一定能行的!”结果他讲得很流利,得到了全体同学的掌声，他的脸上也露出了久违的笑容。此后，于老师还多次为他提供尝试成功的机会，让其体验成功的喜悦和荣誉，增加良性刺激，使他摆脱自闭心理，激发起自信心和上进心。心灵的交往，热情的鼓励，温暖着他那颗冷漠的、失望的心，使他重新回到了班集体中。

第三步：组织主题班会，激发起他对生活的热爱，学会自强，提高自我心理承受能力。

为了使李军学会自强，也教育其他学生，于老师组织了一次主题班会《如何面对困难和挫折》。在这次班会中，同学们热情洋溢地发表了自己的看法：有的说，面对困难和挫折，要像张海迪阿姨那样发奋学习、努力进取，做一个有用于社会的人；有的说，在遇到困难和挫折的时候，要勇于面对现实，不屈不挠地战胜它们，做一个勇敢的人；有的说，只有不畏艰险，勇往直前的人，才是坚强的人…… 同学们还用精彩的小品、悦耳的歌声等形式表达了积极进取、自强不息的主题。于老师细细地观察，发现李军的眼圈红了。于是轻轻地走过去，扶起他瘦弱的肩膀，把他引到会场的中心，“想说说你的看法吗？”李军缓缓地抬起头，坚定而清晰地告诉大家：“我要从现在做起，面对现实，做一个勇于克服困难的坚强的人……”他的话博得了一阵阵热烈的掌声。通过有教育意义的活动，创设一个宽松有益的心理环境，引导这李军焕发起对美好生活的热情，增强其克服困难的信心和勇气。

案例分析

人类的心理成长发展过程不是一帆风顺的，尤其是中学生的心理，有时极易陷入“误区”，心理上会产生不少的矛盾和斗争，引起心理不适应、情绪不协调甚至发展成为精神障碍。

中学生正处于初步形成世界观、价值观，且迅速发展的阶段，心理处于半独立半依赖的矛盾时期，有其特殊的心理矛盾，有成人难以理解的困惑与苦恼。学生的许多心理冲突，或被自我掩盖，或被成人忽视，视而不见，置若罔闻，以致不少孩子感到难以获得理解，觉得孤立无助，只好隐抑于心灵深处，备受煎熬，任其折磨自己，甚至诱发各种心理障碍乃至心理疾病。现实的严重性，我们不能等闲视之。我们要以对学生终身发展高度负责的精神来重视其心理教育，每一位班主任都应该明确自己是学生的心理顾问及心理保健医生这一特殊角色，应及时发现他们的心理问题，利用班集体的优势和特点，向学生进行心理教育，满足其心理需求，使他们有理想、有抱负，追求美好的生活，增强承受各种心理压力和处理各种心理危机的能力，提高心理素质，以迎接未来社会的严峻挑战。

上述例子中，于老师对李军的帮助足以看出心理教育的重要性，如果没有良好的心理教育，那李军还是生活在过去的阴影当中，难以摆脱。作为老师，如果只

关注学生学习成绩的高低和品德的优劣，而忽略了对学生全面素质的培养，尤其甚少注意到对学生的心理健康教育，甚至把心理问题当作品德问题来看待，以解决思想问题的方法来解决心理问题。这样做，将使老师工作的实际效果大打折扣，也培养不出学生对学习与生活的健康和积极的态度。班主任工作的成效，有时是取决于对心理健康教育的认知程度和理解程度。加强对学生心理健康教育，也是走出传统德育困境的需要。要提高德育的实效性，必须要注入心理健康教育的新鲜内容。

每一位班主任都应该明确自己是青少年学生的心理顾问及心理保健医生这一特殊角色，应及时发现他们的心理问题，利用班集体的优势和特点，向学生们进行心理教育，满足其心理需求，使他们有理想、有抱负，追求美好的生活，增强承受各种心理压力和处理各种心理危机的能力，提高心理素质，以迎接明天社会的严峻挑战。

作为教育者，不但要教好书，而且更重要的是要育好人。而要育好人，就必须加强对青少年学生的心理健康教育，使他们既拥有健壮的体魄、广博的学识，又拥有健康、向上的心理。

第二编

学生行为问题心理辅导

一名优秀的班主任要注意对待学生要坚持公平、公正原则，注意团结每一个学生，让每一名学生都能感受到班集体的温暖，要用自己的爱心去温暖学生，用自己的诚心去感动学生，不放弃每一个学生。

要记住，你不仅是教课的教师，也是学生的教育者，生活的导师和道德的引路人。

——苏霍姆林斯基

归队的雁儿

秋日，漫步在校园里，仰望高远的蓝天，只见一群雁儿鸣叫着从远处来，它们一会儿排成“人”字，一会儿排成“一”字，正慢慢地向南方飞去。离雁阵不远处，有一个小黑点儿，它是一只掉队的雁吗？它会不会成为“更嬴”箭下的惊弓之鸟？令人担忧。凝神遥望，小黑点正缓慢地移动着，看得出，它在努力追赶着雁阵。

我们故事中的主人公小其，不正是这样的一只雁吗？

一、离群的雁儿

小其是四年级的学生，是陈老师新接的班级中的一员。小其散漫、冲动、好斗，言行极具攻击性，陈老师在接班前就久闻他的大名，他是年级组乃至学校出了名的。成绩门门红灯高挂，调皮捣蛋得出奇。老师见他就头疼，同学见他就害怕。上课破坏纪律，下课欺侮同学。二年级时，在原来的班级呆不下去了，换了一个班级，听说这是本校历史上前所未有的。

陈老师第一次走进这个四年级教室上课，拥挤的教室里，东南角的最后一排，一个男孩站在椅子上手舞足蹈，他胖胖的，脸儿黑黑的，小眼睛，朝天鼻子，翘嘴巴，长得并不可爱。见老师走进教室，他迟疑了一下，坐了下去。老师走到他的课桌前，看到他的课桌和前面同学的椅子之间明显空出了一段距离，在这样拥挤的教室里，这一段空间显得很特别，直觉告诉陈老师，他就是小其。

下课后，陈老师留心观察他。他不跟自己的同伴说话、玩耍，只是盲目地自顾自地在楼道里蹿上跳下，一会儿把低年级同学的球抢过来扔掉，一会儿把女同学正在跳的橡皮筋扯得有十来米长，然后又快跑几步坐下来，像溜冰一样在铺着地砖的走道里往前溜一段。站起来往前跑时又故意用肩去撞对面过来的同学。那同学说了一句，他回头就给人一拳，一边嘴里骂骂咧咧。

听同学说，像今天这样还算好的。他还经常拿小蛇、蚯蚓、蟑螂等东西到学校来吓唬同学。常常动不动就打人，同学见他都害怕，没有人愿意理睬他。

是什么原因导致他的言行偏离了原来的轨道？导致他言行偏差的究竟是哪一个环节？望着小其孤独的身影，陈老师陷入了沉思。他不正是那一只离群的雁儿吗？

二、受伤的雁儿

陈老师约小其进行第一次谈话。他来了,站在陈老师面前,扭着头,眼睛不断地朝上翻着,一脸的桀骜不驯。陈老师让他坐下,他照样扭着头。在他们的谈话过程中,小其不愿意多说话,只有在陈老师问到他与老师和同学的关系时,他才愤愤地说了一句:"他们都很坏!"看得出他不太愿意接受陈老师。

在以后的几天,陈老师努力多接近他、关注他。上课时,给他创造机会,让他回答问题,及时鼓励、表扬他。下课后,跟他一起玩耍,以求缩短他和老师的心理距离,同时又通过家访了解了他的家庭情况。

原来,小其出生在一个很特殊的家庭,母亲是个残疾人,三十好几才结婚。婚后生的第一个儿子三岁夭折,又过了两年多才得了小其。母亲已五十多岁,而父亲已年过六十,因为这样特殊的原因,再加上小其从小患有严重的哮喘病,所以家中对孩子一直很宠爱,造成了孩子的任性、蛮横,以致在学校里也是如此。夫妇俩曾多次带孩子到大医院求医,测出智商属中上,有轻度多动症。现在家中三天两头有人哭诉、告状,夫妇俩整日愁眉不展。

由于陈老师不断地接近、关心小其,他开始信任老师了。在他们的第二次正式谈话中,小其向陈老师敞开了心扉:"在班级里,我是调皮、好动,总爱惹事,但本来我是没有恶意的,可是同学们总要嘲笑我。笑我长得丑,像猪八戒;笑我'妈妈瘸腿';笑我‘爸爸像阿爷’;笑我成绩差。我听了就有气,谁说我就打谁。以后同学不敢说了,却又不理睬我了。从二年级起我就一个人坐在最后,没有人跟我说话,没有人跟我玩。老师上公开课不让我去,春游、秋游也不让我去。”说到这里,小其的眼圈有点红了。“反正,我是长得难看,我的成绩是不好。我的爸爸妈妈也就是这样了,我也不会好了,老师也这样说我。不好就不好,我无所谓。”他的眼睛里,又闪烁出惯有的桀骜不驯。

听完小其的诉说,陈老师陷入了沉思,这是一只心灵受了伤的雁儿。不为同伴们所接纳,来自老师、同学的低评价,使他的自信、自尊丧失殆尽。一方面他否定自己的长相、否定自己的家庭、否定自己的学业;另一方面他却通过不做作业、扰乱课堂纪律、欺侮同学等攻击性行为,渴求得到别人的重视。为了让同伴接纳他,让受伤的雁儿归队,于是陈老师开始了辅导工作。

三、让雁儿归队

(一)重塑自我,找回自信

教室里,小其桌椅前那条明显的隔离带,既是同学之间空间上的距离,又是同学之间心理距离的象征。在陈老师的引导下,同学们把桌椅排得整整齐齐,那条明显的隔离带没有了。小其的脸上现出了一丝笑意。因为,从空间距离看,他已为集体所接纳。

空间距离的缩短,使有形的心理距离消失了。这样做,是为了让小其建立这样的认知:我不是特殊的另一类,我和其他的同学是一样的。同时这也为缩短同学间的心理距离迈出了第一步。

陈老师对小其进行了仔细观察,发现他的多动只要有人经常提醒,自己努力控制,完全可以克制。于是陈老师和他订了契约,老师用暗示的方法提醒他,他得到暗示就要努力控制自己,不影响干扰同学。做得到,让他坐到中间,和同学同桌。虽然一开始比较困难,但小其非常努力,走出座位,影响大家学习的现象再也没有发生。按照契约,小其坐到了同学中间,并且有了同桌,他很高兴。

小其和陈老师的契约是口头的,运用儿童的拉钩形式进行,这样做,小其既感到有趣,又有压力,从此他有了努力的目标。用暗示的方法提醒他,这是对他的信任,也是对他的尊重,给了他在集体中重塑自我形象的机会,让他找回自信。

(二)正面引导,提高学习成绩

小其的学习成绩红灯高挂,这是小其自卑的原因之一。帮助他在学习上归队,才能让他自信。小其妈妈曾恳求陈老师,让陈老师给小其找补课老师。这种惯用的补习方法对小其是否有效?陈老师仔细分析了小其各门功课的现状,他的理解不成问题,主要是对认知的遗忘。只要按要求完成作业,加深记忆,他的学习成绩完全可以上去。针对他的作业有始无终,前好后差的实际情况,对他适当减少作业量,降低一些作业要求,暂时采用不同的评价标准。评价作业时，只用“对”，不用“错”，错误的留着让他自己去努力解决。作业写得潦草，不正面批评，指着他写得像样的地方说：“老师欣赏这样的作业。”让他自己去领悟、去改正。逐渐地，他基本上能按要求完成作业，测验成绩也有所提高。

小其在学习上已养成了坏习惯，坏习惯的纠正不是一蹴而就的，有一个循序渐进的问题，采用适当降低要求的方法，是考虑到小其的实际情况，如果用同样的作业标准去要求他，成功的难度较大，容易造成畏难情绪。正面引导，降低要求，分别评价为小其创造了成功的机会，学习的成功可以帮助小其建立内在的动力机制，有了学习的内在动力，学习就不再是苦恼的事。

（三）参与集体活动，逐步为同学所接纳

不能参加集体的活动，这是小其最大的苦恼，也是对孩子心灵最大的伤害。每年春游和秋游家长怕他出事，老师怕他闯祸，所以都不让他参加。他做梦都渴望和伙伴一起奔跑在蓝天下、草地上。

又一次秋游，陈老师非常愿意让他和伙伴一起去活动，但却真的很害怕。从没出过马厩的小马来到原野上会撒野吗？他要是磕着、碰着，怎么向他父母交代？经过再三的思想斗争，让他去！陈老师做好了周密的工作，把他分配在最强的小组里。陈老师跟小其又拉了一次勾，小其向陈老师做出了注意安全，遵守纪律的承诺。在秋游活动中，小其感受了大自然的美丽，也感受

了伙伴间的情谊，体会到了在校园里无法体会的快乐。更重要的是，他实现了自己的承诺，正在逐步被伙伴们接受。以后班内的各种活动陈老师都让小其参加。中队实行值日班长制，他也有做值日班长的资格。早读、清扫、分发牛奶点心，他做得很像样。十分钟队会他不再是编外队员。中队主题会，他也有节目。在活动中，同学之间的关系有了好转，小其的蛮横、任性逐步得到了矫正。

小其的自卑和行为失衡，很大的原因是因为伙伴的不接纳而引起，让小其参与各种集体活动，在集体活动中与同学进行交往，通过活动中同伴间的接触，引导同伴在生活中接纳小其。同伴的接纳可以消融小其心中所有的委屈。

（四）老师的公正，同学关系的缓和

对待小其这样一个学生，教师要做到公正、公平、完全接纳，有的时候确实很难。就在小其各方面有了很大进步的时候，发生了这样的一件事。

音乐课上，快下课时，他玩同学台板里的语文书，同学指责他，他干脆撕下了几页。下课后，同桌叫了十几个同学攻打他，把他打得趴倒在地板上，当陈老师赶到时，他已爬起来，正准备与同学搏斗，他的眼睛里充满了疯狂的野性。这是他有史以来第一次吃亏，也是同学间第一次矛盾恶化。

事情过后，同学、老师，包括家长，都说他活该，是自作自受，吃点亏，可以得到教训。他真的是活该吗？从某种程度上讲，好像是这样。因为他确实该有人管教管教。但是静下心来想一想,一群与事情毫不相关的同学,无缘无故地去攻打他,这有理吗?公平吗?这在他心灵上会造成怎样的创伤?老师先安慰了小其,然后组织同学分析讨论事件。经过讨论,同学们都意识到,集体攻打小其是严重的错误,是歧视他的表现。大家还认识到,小其这样特殊家庭的同学应该多帮助他。第二天清早,赶在小其上学前,这些同学带着礼物赶到小其家里。"对不起,小其!"孩子们拉起小其的手,真诚地道歉。小其的妈妈激动得热泪盈眶,因为从来都是她跟别人说"对不起"。

事后,老师和小其又作了一次谈话,让他谈谈自己的感受。同学们这样对他,他很感动。他反思了自己以往的言行,懂得今日的"果"完全是往日的"因"造成的,他也懂得了同学交往不是单向的,而是决定于双方的表现,自己尊重别人,别人才会尊重自己。

这件事本来是一件坏事,但由于处理得当,却成了同学关系的转机,同学关系从此向前跨进了一大步。

公正地对待每一个学生,包括那些惹麻烦的学生,这固然比较难,但假若老师真正地做到公正,那么会极大地激励那些心灵受伤的孩子。小其感受到了老师的公正,他在以后的学习生活中高高地昂起了头。

(五)引导其父母用正确的方法教育孩子

家庭是人生的第一所学校。小其的行为偏差,家庭教育不当是一个重要因素，但特殊的家庭也是造成小其自卑的原因之一，让小其重新认识家庭、认识父母，这也是让小其重建自我形象的重要一环。

同学关系的转机在教育教学活动中，有意识地去引导他重新认识父母。母亲身残志坚，坚持工作。父亲不分寒冬酷暑、刮风下雨，天天接送他。小其半夜哮喘发作，母亲强忍腿痛，亲自送他上医院。父母用他们自己的自强自立，给予了他博大的爱。

同时，陈老师还指导小其父母用正确的方法教育孩子，不迁就、不溺爱，教育孩子也要讲原则。

在学校和家庭的密切配合下，小其进步得很快。

四、雁儿归队

今天，在教室里，经常可以看到小其与同伴一起阅读、讨论问题的情景；在校园里，也可以看到他与同伴追逐嬉笑的身影。雁儿终于归队了，他不会成为那只“惊弓之鸟”的！

小其已经归队，从他转变的过程来看，我们可以发现对于这些自我形象低劣的孩子，无论他用何种形式表现，只要你透过现象找到事情发生的根源，只要老师能满怀真诚，尊重他、接纳他、欣赏他、公正地对待他，那么即使是一块坚冰也会融化。他们的自我形象会在老师的帮助下逐步高大、完美。

从小其的案例中我们也可以看到，造成学生行为偏差的原因有时候是多方面的。全面细致地了解情况，全方位地开展辅导工作。把学校家庭的教育力量整合起来，这样的辅导的力量才会更强，辅导才更有效。

在辅导过程中，往往会出现曲折、反复，小其就曾有过多次反复，关键是老师对学生要有百分之百的信心，有了信心，你就能把事情的曲折变成转机。小其的行为偏差，固然有特定的原因，但是如果我们反思一下的话，我们会发现，我们的教育工作中，确实存在着好多不尽如人意的地方，愿我们去读懂每个孩子的心灵，愿每一只雁儿都能与伙伴一起翱翔。

案例分析

无可否认，上面案例中的主人公小其有着特殊的家庭环境，也正是因为这种特殊的家庭环境，让小其变的玩世不恭，自暴自弃，成为了老师人人烦，同学人人怕的学生。

一所房子再破，是自己的房子，我们都会想方设法的加以修葺；一个学生再调皮，是自己的学生，我们也要竭尽全力地教育他。作为一名教育工作者，我们应该对每一个孩子负责，对每一个学生我们都不放弃。学生的外在表现是学生内心世界的显现，是内心欲望激发的结果，这是现代心理学证明的结果。在上面的案例中，小其的种种行为也是他内心世界的显现。每一名教师，都应该注意观察学生的内心世界，及时发现问题，挽救每一个学生。

一个团结向上的班集体必然有一个能力不错的班主任。班主任是教师，同时要领导班集体。一名优秀的班主任要注意对待学生要坚持公平、公正的原则，注意团结每一个人，让每一名学生都能感受到班集体的温暖。

小其的自暴自弃、玩世不恭，种种攻击性行为虽说主要是由家庭环境引起的，但是他在学校里的冷遇就更加促使他向恶性方向发展。用自己的爱心去温暖学生，用自己的诚心去感动学生，不放弃每一个学生，那么即使是一块冰也会被融化，精诚所至，金石为开。陈老师对小其的真心帮助，让他摆脱了过去的阴影，真正融入到了班集体当中，成功“归队”。

父母良好的情感气息，家庭和睦的生活氛围，是培养孩子健康心理的环境基础。

——吕斌

懒散的小吴

小吴是班级中最大的男孩，今年 10 岁。他有着很多不良的习惯：学习懒散，常逃避做作业；为了逃避作业，便经常在父母与老师之间撒谎；喜欢惹是生非，经常挑起同学之间的纠纷……为此，父母经常打骂他，甚至不给他饭吃，不让他睡觉，可他依然我行我素。但小吴劳动却比较积极。

小吴从小由他父母带大，家庭生活环境和经济条件都比较差。父亲一心望子成龙，对孩子有较高的期望值，平时放学后不给孩子休息娱乐的时间，只是一味地让他做作业，长期如此，造成了他厌恶学习。因为学习成绩不如意，父亲就打他，小吴经常被打得浑身是伤。母亲虽痛恨孩子不成器，但见他被父亲打得如此可怜，就时常包庇他。渐渐地，小吴抓住了父母性格的弱点，开始两头欺骗。

由于家中管教过严，小吴的言行和情绪在家中受到很大的压抑，于是在学校中小吴便疯狂地玩，拼命地发泄。别人不跟他玩，他便招惹同学。在学校中，他不愿做作业，因为做完了回家还有做不完的作业。为此，父亲打骂他，责怪他不能在学校完成作业，要求他在学校做完老师布置的作业，否则就以拳脚侍候。于是，小吴便开始撒谎，对老师布置的作业少做或不做，回家对父母谎称作业全部完成了。而到了学校则对老师撒谎，称没有完成作业是因为家中有太多的家庭作业。

从以上情况看来，小吴的学习和行为问题主要是家庭的教育不当造成的。造成小吴行为问题的诱因是学习，而导致小吴厌学的是家庭教育的不当。针对小吴的具体情况，班主任古老师制定了初步的辅导方案。

古老师从干预他的家庭教育着手。首先，古老师给自己定了一个原则，在小吴家长面前，坚决不做告状的人，学校里发生的事在学校解决，不让其父母通过武力等过激的方法来解决，让他对老师建立信任。

一次，小吴无缘无故抢同学的东西，并打了该同学。古老师找到他后，还未说话，他就一脸的紧张和害怕。因为，此时快要放学了，他家长马上要来接他了。小吴紧张地冲着古老师连连认错，古老师心里明白，这不是他真心认错，而是想逃避父母的责罚。但古老师马上顺水推舟，说他犯了错误能主动认错，应该表扬，希望他以后做得更好。古老师还在全班同学面前保证，因为他能勇于认错，所以这件事老师暂时不告诉他的父母，同学们也不要向他父母告状，大家相信小吴自己能处理好这件事。结果回家后，他主动向父母叙说了事情的一切，向家长承认了错误，还答应第二天向同学认错。这天，家长也没有用过激粗暴的教育方法。第二天，在他主动向同学赔礼道歉后，古老师又在班级中表扬了他，让同学为他的进步而鼓掌。这样做，既给了他动力，也在无形中给他增加了压力。事后，古老师找他谈了一次话，让他谈谈自己的体会。他承认，父母打他，老师批评他，很多都是由于自己不好而造成的。如果像这件事情一样，自己能主动认错，不隐瞒、不撒谎，老师不会这么严厉，父母也不会这么粗暴。他向古老师表示，以后一定努力改正撒谎的坏毛病。古老师趁机引导他，让他懂得，学习上的道理是同样的，有了问题要及时找老师或家长，向他们说出自己的真实想法，让他们了解自己，而不是靠撒谎来混日子。

同时，古老师还密切注意他的一些行为，发现不好的苗头就及时遏制，有效控制不良事故的发生率。古老师还组织一些小干部和他携手共进，督促他在校内完成作业。古老师经常找小吴谈心，跟他交流思想，并及时了解他家庭教育的情况，以便与他父母沟通。

古老师还经常利用他父母来校接孩子的机会，与小吴父母进行交流，指导家长树立正确的教育观，用正确的方法教育孩子。要求家长了解孩子的身心发展特点，适当给孩子一些休息和娱乐的时间。学习上对孩子提一些切合实际情况的要求，要

多鼓励和表扬孩子。用简单粗暴的方法教育孩子，只会让孩子离自己越来越远。同时，指导其父母在教育孩子的问题上要意见一致，以防孩子钻空子，养成孩子的不良品德。家长已经认识到孩子如此发展下去问题的严重性，因此也比较配合学校的工作，给孩子转变创造了一定的条件。

古老师还发扬小吴爱劳动的优点，给他一些小任务，如拿牛奶、打扫卫生等，分散他的注意力。他有事情做了，打打闹闹的事情也就少了。

经过一段时间的辅导，小吴有了转变，惹是生非的行为有了很大的收敛。虽说还比较偷懒，撒谎的行为偶尔也会发生，但是学习等各方面还是有了可喜的进步。

从对小吴的辅导中，古老师发现对待学生不能总是用压服、向家长告状的方法。教师要用平和的方法来处理问题，给学生创造一些比较宽松的条件，这对师生双方都是有益的。

案例分析

采用打压的方式来教育学生只会遭到学生的反抗，是不会成功、也不可能成功的。教育讲究的是方法，是引导，是培养学生的学习兴趣，而不是采用强制的方法。俗话说，“强扭的瓜不甜”就是这个道理。

爱因斯坦说：“兴趣是最好的老师。”只有当人们对某种事物发生兴趣的时候，人们才会特别地关注这种事物。不是因为学生学习成绩好才对学习有兴趣，而是因为对学习有兴趣所以才学习好。因此，教师、班主任的教学方法应该是积极主动地调动学生的积极性，使他们对学习发生浓厚的兴趣，把学习作为一种生命的乐趣来追求，这才是积极有效的教学方法。如果采用强制或者体罚方法来胁迫学生学习，结果只能是让学生厌恶学习、逃避学习、害怕学习，从而引发各种教学事端。

教育的实质正是在于克服自己身上的动物本能和发展人所特有的全部本性。

——苏霍姆林斯基

多动的孩子

聪聪是小学三年级的学生，他在幼儿园时就比其他孩子明显表现出多动的行为，上小学后，这种情况有增无减。主要表现在：上课时不遵守纪律，喜欢晃椅子，经常招惹同桌及前后位的同学，注意力不集中，东张西望，但老师批评或暗示后有一定的效果；课余活动中不大合群，喜欢搞恶作剧，如有时接连用肩膀或胯骨把身边同学推倒或撞倒，自己却满不在乎，在家里则表现为任性、冲动，遇到想做的事情父母不能满足，便大喊大叫，甚至在地上打滚，乱摔东西，此外精力显得特别充沛。

据他母亲和教师反映，聪聪脑子并不笨，当他专心学习时，有时比一般同学学得还快，就是因为好动分心，使得学习成绩在一般以下甚至有时会落到后面。在家庭教导方式上，聪聪的父亲比较粗暴，看到孩子好动、不听话，烦了就骂，急了就揍；母亲则对孩子过于宠爱，只要孩子一要赖，母亲一定满足孩子的要求。面对这种情况，聪聪的班主任采取相应措施对他进行引导和帮助。

首先，家长和教师应对聪聪关心、体谅，不能因为其好动而感到厌倦。

其次，要从培养良好习惯入手，耐心地矫正聪聪的多动行为。矫正中应坚持正面鼓励，积极强化。针对聪聪尚能接受教师暗示的特点，课堂教学中教师应有意识地利用目光暗示、点头暗示等手段，在聪聪认真听讲时给予表扬。当聪聪能专心听讲一段时间（这里依据它的具体情况设定，例如可以是 15 分钟或 20 分钟）时，老师就走进他微笑着轻声表扬他，当聪聪能坚持在这样一段时间内都专心听讲时，那么当他能坚持专心听讲更长时间时，再对他进行表扬，以此让他养成上课专心听讲的习惯。及时提醒这个孩子遵守课堂纪律，逐步养成上课专心听讲的习惯。

再次，父母对孩子的教育要一致。父亲需纠正急躁、粗暴的缺点，不要动不动就打孩子，需多看一看孩子的优点和长处；母亲则应克服对孩子溺爱、娇惯的弱点，努力做到疼爱孩子与严格要求相结合。只要父母教育方式正确，与学校教育保持一致，并加强与学校的联系，在家庭和学校的共同努力下，聪聪的多动行为是可以逐步得到改善的。

最后，可以让父母在家里用代币法奖励孩子正确的行为。首先父母要确定希望孩子出现的一些行为和不希望孩子出现的行为。比如，希望出现的行为有认真写作业，按时起床，整理床铺等等，不希望出现的行为有在地上打滚，乱摔玩具，骂人等等。然后在墙上挂一张表格，列出得到分数项和扣掉分数项。聪聪如果每做一次上述希望出现的行为，就会得到一定的分数，可以用彩色的圆牌儿或其他东西来表示；告诉聪聪如果每做一次不希望出现的行为就会扣掉一定的分数，就拿走表示相应分数的圆牌儿，每次得的分数或扣的分数都在表格上做出标记，当他积累了一定的分数之后就可以兑换一些礼物，例如某种很想要的东西，希望玩的游戏，额外看一小时的电视等等。父母一定要按照记录表上的记录来兑换礼物，以此让聪聪增加良好行为并减少不良行为。当聪聪的不良行为逐渐消失的时候，就逐渐减少使用代币，同时多使用表扬来强化。

另外，家长还可适当控制一下聪聪的饮食，多吃西红柿、苹果、橘子一类的食物，不食胡椒、辣椒等刺激性的调味品，注意观察一下这种饮食上的控制对减轻孩子的多动行为是否有效。

从上述案例介绍可以看出，在这个孩子具有较明显的多动表现。如上课时注意力不集中，课余活动中常“恶作剧”，好冲动，精力特别旺盛，活动过度等。

但这个孩子在以下两方面又与多动症有着明显的区别：第一，当他在课堂上受到教师的暗示或批评后，一般能控制自己的行为，有所收敛，而大多有多动症的孩子这一点却很难做到，他们往往是不知“天高地厚”，“无法无天”，根本不听成人规劝；第二，根据教师反映，聪聪在专心听讲的情况下，可以取得较好的学习成绩，学习上没有其他的障碍，而多动症幼儿除了注意力障碍外，往往还伴有其他学习障碍。

根据以上分析，这个孩子属于一般性的多动行为，而并非多动症。一般性多动行为与多动症是有着本质区别的。一般性多动行为可以随着孩子的发展和教育影响逐渐改善，但患有多动症的孩子则必须接受心理治疗和药物治疗方能好转。

在案例中提到了这个孩子的家庭教导方式：父母教育态度很不一致，父亲太严，母亲太宠，这是导致这个孩子行为多动的主要原因。他的父母应该改变教育方式，对如何教育孩子的问题上要达成一致，并应意识到对孩子的教育既不能太严也不能太宠，以防孩子的过分恐惧或过分依赖。

作为班主任，当发现孩子有类似的情况发生的时候，要主动与其家长沟通，共同协商积极有效的治疗对策，对孩子的多动行为加以控制。对多动孩子，班主任要给予更多的关注，经常鼓励、表扬他们，培养他们的自信心，并督促他们培养良好的习惯。

以上的治疗措施具有普遍性，可以借鉴，但是也要具体情况具体分析，不可盲目照搬。

从我手里经过的学生成千上万，奇怪的是，留给我印象最深的并不是无可挑剔的模范生，而是别具特点，与众不同的孩子。

——苏霍姆林斯基

对“小皇帝”的“冷处理”

2000年9月1日是个有纪念意义的日子——南海市实验小学开学第一天,从没离开过父母的孩子一下子来到这所寄宿小学读书,表现得情绪不稳定,有的甚至哭闹起来。

二年级(1)班的小陈同学就是一个典型的例子。开学一个星期了,整天哭闹着要回家,说是父母把他骗来的。他声嘶力竭的声音弄得整个宿舍不得安宁。为了发泄自己的不满,他经常欺负同学,向同学发脾气。看见他那小老虎似的样子,大家都怕了他。最让人头疼的是,他报复心强,根本不把老师放在眼里。他上课要不离开座位,要不就坐在椅子上转圈,经常怪声怪气地学老师讲课,顶撞老师,性子来了还大声喧叫。任凭老师怎样教育批评也无济于事。

根据这样的情况，班主任李老师细心了解、分析了问题的成因。原来，小陈同学在原校是个“小霸王”，课堂上遇到不顺心的事就大吵大闹，老师见家长是家常便饭的事。在家里，小陈是个“小皇帝”，向来是自己说了算，大人们都护着他。妈妈打他，他要不就还手，要不就不理睬父母几天几夜，父母都拿他没办法。平时，爷爷、奶奶和叔叔对他言听计从，千方百计满足他。如果他们知道小陈被妈妈打，一定会一窝蜂似地去数落他妈妈，担心他们家唯一的男孩受到伤害。小陈的父母很爱面子，最不喜欢别的家长告儿子的状。他们私自教孩子：“你个子高，力气大，人家的孩子娇气，别与他们玩，免得招惹是非。”弄得小陈性格怪异，与人格格不入。但好玩是孩子的天性，他总把同学当成是玩耍发泄的目标，根本不理会别人的感受。种种原因，使小陈变得目中无人。

在交谈中，李老师得知他的父母很想通过他的力量挽救他们的孩子，总是要求老师严格教育他们的孩子。但回到家里却百般呵护，担心孩子不认他们这个爹娘。这样一来，小陈对老师的批评恨之入骨。他把老师批评他的次数、时间专门记在一个本子里。他对父母说：“老师专门针对我，我恨死他们。”

李老师了解到这个情况，采用了“冷处理”的方法：首先表现得对他不紧张、不在意，任凭他怎样有意无意捣乱。这一招果然见效，他讨个没趣，收敛了一点。接着，李老师像对待一般中下生一样，发现他的闪光点。他是个聪明的孩子，思维灵活，工作能力强，衣服叠得十分整齐。李老师及时表扬他的这些出色的表现。虽然他显出很不在乎的样子,但李老师相信他心理还是高兴的。在整个教育过程,李老师都表现得不急不躁,一次又一次地与家长联系,给他们分析任性孩子的危害性。既教育孩子,又教育家长。他的家长被老师的一片真心感动了,大力协助开展教育工作。李老师耐心地与小陈分析老师不能像家长一样呵护他的原因和益处。为了不让他再有误会,李老师特别留意他,当他犯错证据确实时把他拉到一边,严肃地跟他分析错在哪里,让他判断该不该批评,是否冤枉了他。开始他不吭声,次数多了,有时也敢于承认,意识到自己理亏,渐渐改变了对老师的看法,态度也缓和了,也许他认为得到了尊重吧。有了这个好的开始,李老师经常找他谈话,让他真正认识自己,让他知道同学对他的关心与谅解,让他知道老师和家长的一片苦心。

半年过去了,小陈的个性有了明显好转。上课专心听讲,领读能力强,成绩优异,对待同学也友善多了,在班里结交了不少好朋友。

案例分析

以自我为中心,不接受别人的意见,经常乱发脾气,是任性孩子的常见行为。假如任性孩子有点小聪明,他的这些表现就会变本加厉。

小陈天资聪敏,自小过于被宠爱、放纵,使他在家庭、在同伴中像个“小皇帝”。他目中无人,动不动就发脾气,连老师也不放在眼里。对待这类孩子,一下子批评教育不能解决问题,只能以静制动。首先是慢慢地让他冷静下来，通过交流、谈心获取他的信任，让他认识到老师是真诚关心他、重视他的。他千方百计捣乱，目的是让人关注自己。当老师以“冷处理”的方法，对他的表现不屑一顾时，他反而感觉自己无聊。事后多观察、多了解，注意他的一举一动。透过老师真诚的表扬，渐渐地感化他，让他认识到老师和同学都欣赏他守纪有礼的时候。尽管他表现得不在乎，可是心里还是挺高兴的。这样的孩子能力强，精力充沛，老师让他领读，帮助学习有困难的同学，让他建立自尊、自信，也使同学们改变了对他憎恨的态度，与他的关系友好多了。

良好的心境是学习的动力，使他的学习更上一层楼。可见，这些教育方法都是恰当的。解铃还须系铃人，来源于家庭的病症，需要家庭的密切配合，这样开展工作，学生的健康人格才能更有效地培养。

体罚是一种单纯的“棍棒+粗口”的原始教育，对孩子的身心成长极其不利。

——许传利

她真的怕跳大绳吗

薇薇是市某重点高中的学生，做事低调，总是一脸忧郁，好像很焦虑的样子。最近她的学校里要举行跳大绳比赛，要求所有的学生都要参加。结果几次练习过后，薇薇变得非常紧张、焦虑，导致上课精力都无法集中，成绩急剧下降。更为严重的是，薇薇在胳膊上用小刀划了许多道伤口，膝盖也在水泥地上蹭得伤痕累累。班主任觉得很奇怪，问她怎么回事，薇薇只是说自己很害怕跳大绳，所以弄伤自己来避免练习。班主任徐老师允许她不再练习跳大绳了，但她还是整天处于郁闷、恐惧状态，且有厌食、失眠等症状，有时还有自残冲动的行为。

徐老师知道了薇薇的情况后，给薇薇做了相关的心理测试，发现她很聪明，但却敏感，抑郁、焦虑的分数高出常人很多，许多

症状方面的分数也很高，看来薇薇现在的状态实在不佳。徐老师与薇薇进行交谈，开始薇薇有些紧张，只是说说老师、同学的事，其他的什么都不说，在徐老师的鼓励下，薇薇慢慢地放松下来，开始谈起她的童年经历。当薇薇还是胎儿的时候妈妈就对她进行胎教，并对她寄予了很大的期望。谁知妈妈生她的时候难产，母女俩好不容易才保住命。不知这件事是否对妈妈的态度产生了影响。反正自从薇薇出生后妈妈对她的要求就非常严格，只要达不到妈妈的要求就会受到严厉的惩罚，通常是拳打脚踢，非打即骂。薇薇对妈妈的感觉是又爱又怕。薇薇还提到一件事情，那是在她三四岁的时候，有一次她太贪玩了，结果中午回家晚了。她妈妈非常生气，二话不说，拽过她就用鞭子狠狠地抽了一顿。可是薇薇脾气很倔，怎么也不讨饶。最后妈妈把她绑在桌子腿上晒了好几小时的太阳。这件事已经过去好多年了，她甚至都忘记了。可是最近班里练习跳大绳时，大绳每摇一下她就哆嗦一下，且大汗淋漓，身体发虚，感觉真像那时候挨打的滋味。她实在受不了这种感觉，就想用自残的方法来逃避。

看来薇薇的恐怖情绪的根本原因就是童年时那次挨打的体验。虽然这件事已经隐藏到她的记忆深处，但依然对她的心理产生着巨大的影响。但她从小到大跳过许多次绳，为什么到现在才害怕呢？在徐老师的引导下她又说了一件事。薇薇非常聪明，经常是班里的第一名。当她是第一名时，妈妈什么话都不说，好像得第一是应该的；当她没拿第一时，妈妈就会对她进行羞辱、打骂，有时还叫她的同学、邻居来看她挨打的样子。到了高中之后，她前几次还能保住第一名，但是上次由于状态不好，只得了第二名，她怕妈妈又要打骂，所以到现在还没敢告诉妈妈。

由此可见，薇薇幼年的经历在她心里埋下了病根。现在她成绩下降了，借跳大绳这件事把以前挨打的恐惧感觉都诱发出来了，所以才表现得如此强烈。从表面上看她是怕跳大绳，实际上她是怕妈妈因她成绩不好而惩罚她。

弄清了原因后，徐老师马上约见薇薇的妈妈，将薇薇的情况如实相告，希望她改变对待薇薇的态度和教育方法，并降低对薇薇的期望值，以减少对她造成的心理压力。

经过班主任的精心辅导，薇薇恢复得很快，慢慢地她又变成了快乐的好学生。

案例分析

家庭是社会的基本单元，也是教育孩子的第一场所。家庭教育在现代教育中起着不可忽视的作用。一个孩子要想健康的成长，良好的家庭教育是基础。但家庭教育究竟要怎样进行才有利于孩子的身心健康，使孩子顺利的成长呢？天下的父母要好好反思这个问题才行。

从这个案例中，我们可以看到薇薇本来是个聪明伶俐的好学生，但是她的母亲单纯从自己的愿望出发，用自己制定的标准来要求孩子，一旦达不到期望的目标就进行严厉的惩罚，造成了孩子心灵上的创伤、心理上的障碍。

实际上这样的父母还有很多。他们有的是自己年幼时没有机会进行学习;有的是自己学习失败了,希望自己的心愿能在子女身上实现;还有的家长拿自己的孩子与别人的孩子进行比较,子女学习好是自己的荣耀……这些家长名义上是为了孩子好,实际上是为了满足自己的需要而强迫孩子按自己的要求去做。孩子在学校中的竞争压力很大,如果回到家后还要再承受家长的埋怨、打骂,那么他们很难用健康的心态来对待学习和日常生活。于是出现了学生厌学、逃学、作弊甚至自残自杀等现象。这是家长最不愿看到的,但是,如果追究,他们的做法却是造成种现象的根源。

因此,与其“望子成龙”还不如“盼子成人”。父母们不如放弃一些名利的追逐,多注意培养孩子的情感,尊重孩子的个性,发挥孩子的特长。这样孩子才会最大可能地发展自己的能力,使身心健康地成长。

作为班主任,是否也存在着同样的心理呢?是否也在对考试失利的学生进行过重的惩罚呢?有这样一则事例:一名小学生因为考试不及格,老师就要求学生把试卷连题带答案抄写500遍,两天之后交给老师。以一份试卷连题带答案2000字计算,就是两天内写完100万字,相当于两本《史记》的字数。当学生考试失利的时候,最伤心的是学生自己,但是一些教师还在雪上加霜,这无异于是对学生未来致命的摧残。

学生永远需要支持和鼓励,需要安慰和呵护,采用打骂或体罚的方式来对待学生是没有任何意义的。作为学生的家长和老师,要真正关心学生的心理健康,让学生健康地成长。

第三编

学生学习问题心理辅导

作为班主任，对学习有问题的学生，不要轻易放弃，要了解其原因，多从心理的角度去分析，并给予真诚的指导和帮助，要相信爱是可以转变一个孩子的一生的。

促进每一位学生全面、主动、健康地发展。

——于庆会

不会听课的小刚

王老师担任六年级的语文教学工作，小刚是王老师的学生，上课的时候总是听一会儿，就不自觉地东瞧瞧、西看看，桌面上有什么东西都想玩，一支铅笔、一块橡皮都能让他玩上半堂课，每堂语文课，王老师都要提醒他几次。自然，小刚没少挨批评，家长也很重视他的问题。可是，他还是老样子。一堂课上要溜几回神，等到老师提醒而转过神来听课时，由于没听到前面的知识而跟不上，所以又去玩手边的东西。考试成绩自然不好，老师和家长都着急。他自己也知道上课应认真听讲，想改掉这个坏毛病，可一上课就不自觉地又神游了。

针对小刚出现的情况，他的班主任采取了一些行之有效的方法对他加以引导，促使其改变：

1. 由于小刚不会听课的原因可能是多方面的，因此在采取方法之前必须进行成因分析，找准原因，才能对症下药。

2. 根据小学生年龄特点，上课时多采用新鲜、有趣、生动、形象的事物来吸引学生的注意力。如小动物、童话、实物等会使课堂生动活泼。另外也可适当增加活动性的内容，让小刚参加，会使他的注意力集中到课堂上。

3. 培养小刚的学习兴趣。通过评价、外部奖赏来激发小刚的学习动机，并给予及时、积极的反馈；鼓励小刚提各种问题来激发学习动机。

4. 养成良好的听课习惯。上课前调整好情绪，有良好的精神状态，是听好课的基础。课前预习，把不懂的问题记下来；在课堂上带着问题听课，寻找答案。为了不分散注意力，将与上课无关的东西放在书包里。在听讲时，思考哪些是重点，认为重点的就记下来，准备课后复习。同时，对一些没听懂的也要记下来，以便下课问教师或同学。

5. 对不认真听讲的小刚，老师平时应给予较多的关注。小学生都希望得到教师的关注，小刚也是。因此，在平时的交往中，要经常摸摸小刚的头，拍拍他的肩膀，这些都会让他感到自己在教师心目中是有位置的。在上课的时候，可以经常提问小刚，让他回答问题可以有三个好处：一是可以使他集中注意力听课；二是可以促使他思考问题；三是经常受到教师提问的学生，不会以不注意听讲或搞小动作而吸引教师的注意。

6. 应用报酬效果集中注意力。首先，可以给小刚定个奖赏，作为学习的报酬，这个报酬可以依小刚的兴趣和需要制订。其次，遇到困难内容可让小刚用假想的敌人来处罚或激励自己。

7. 利用目标明确化集中注意力。将大目标明确化，能够明确目标，从而集中注意力。另外，让小刚把目标用文字或图形来表示也有助于提高注意力。

通过班主任的有效引导，小刚有了很大的进步，上课时不再溜神，能够集中精力认真听讲，而且还能在课上积极回答老师提出的问题，他已不再是从前那个不会听课的小刚了。

案例分析

从心理学的角度讲，小学六年级的学生虽已发展了有意注意，但还是容易受其他事物的影响而分心。这个年龄的孩子自我控制能力还较差。上课不专心听讲，有其自身的年龄特点。

小刚虽已上了六年级，却还未养成上课专心听讲的良好习惯。另外，客观因素方面也会影响小刚上课专心听讲。例如，对上课所讲的内容不感兴趣，不适应教师的讲课形式或不喜欢任课教师，而“迁怒”于听课。或者，平时他很少受到教师的关注，而教师的批评正是一种关注，潜意识想得到教师的关注，所以不认真听讲。不管是主观原因，还是客观原因，小刚是不会听课的学生，这点对他的成长是极为不利的。

作为班主任，要多关注学生，能够及时发现在学生身上出现的问题，并想办法解决它。学生上课注意力不集中，容易走神是常见的现象，但作为班主任不能够让学生顺其自然，应该配合其他各科老师共同督促学生，让学生把注意力集中到学习上来，养成上课专心听讲的好习惯。

善于鼓舞学生，是教育中最宝贵的经验。

——苏霍姆林斯基

为考试焦虑的小薇

“老师,我难过死了。”话音未落,小薇已挂了两行泪珠,一问原来是数学没考好。小薇叙述说:“数学老师说我很多题都应该做对的,可在演算过程中我却算错了,我看了试卷都觉得不是我自己做的。我真笨,这叫我怎么去见父母呢?我对不起他们,我真没出息……其实我已比上学期用功多了,为了考出好成绩,平时课外活动我都在教室里看书,能用的时间我都利用起来,可现在……考试这段时间我一口饭也吃不下,晚上也睡不好,常常失眠……”

在班主任许老师的印象中,小薇是一个乐观、善良、懂事、处处替人着想的女孩,学习刻苦,考试成绩在班里名列前茅。平日里总是一脸灿烂的笑容,谁看到她,心中的烦恼都会减少一半。

就是这样一个学生,经过考试,就产生了这么多的念头,怎样帮助她尽快走出考试的阴影引起了许老师的思索。

许老师认为要想帮助她,首先要做的是找出她考试失败的原因。在许老师的深入了解后,知道了小薇失败的最大的原因在于她把考试成绩、名次看得太重,压力太大,导致心理上畏惧考试,害怕失败。考试的前一周小薇还萌发了不想考试的念头,听到考试就害怕,预感自己肯定会失败,越临近考试,越觉得自己不行。这种消极的自我暗示,不仅会扰乱人的心理和行为,也会破坏人的生理机能,就是这个原因导致她在考试这段时间食欲不振,晚上失眠。由此可见,考前心理状态不佳是小薇考试失败的主要原因。既然找到了病因,许老师就知道如何"对症下药"了。

一、介绍心理学理论,让其坦然接受焦虑

心理学研究表明,心理焦虑水平与活动效果呈倒 U 字曲线关系。也就是说,焦虑水平过低或过高,都不利于提高活动的效率;而适度的心理焦虑,对活动会起到激励作用,从而产生良好的活动效果。由此可见,在考试中出现适度的焦虑、紧张现象不但是正常、自然的,而且也是有必要、有利的。通过这种方法使小薇认识到为考试焦虑并不全是坏的方面,只要焦虑程度不是特别严重,绝对不会对考试产生不良影响。

二、正确看待考试,重过程轻结果

要以一颗平常心看待考试,付出一分努力,不要希望会有五

分收获，不要对考试成绩抱有不切实际的过高期望。在考试前，要认真制定并执行复习计划；在平常，要做到锻炼适当、睡眠充足、饮食正常、生活有规律，高效地度过每一天，而不去考虑考试的结果会怎样。其实，越担心考试越容易产生心理压力，心情紧张了，甚至忧心忡忡，必定会影响正在进行的复习工作，降低复习效率。这样也会造成恶性循环，导致考试的惨局真的如自己所担心的一样。

三、学会自我调节，给自己积极的暗示

让小薇在考试前的 3 ~ 5 天用一句话来鼓励自己，如“我有信心考出水平！”“我有能力考出理想成绩！”并让她每晚默念 3 遍，使她增强自信心。如果她在考试中出现手颤抖、冒冷汗、呼吸急促以及注意力无法集中等现象，可以让她做一些放松的练习以帮助保持平静，缓解紧张情绪。

四、帮助小薇找出非理性想法，再加以分析、驳斥

1. 小薇从自己一次数学没考好就推断出自己很笨结论，是一种以偏概全、以一概十的不合理思维方式，这是一种过分概括化的思维模式。应该让小薇认识到，没有一个认识是完美的，每个人都应该接受自己都有可能失败的事实。

2. “我必须成功”是小薇的学习支撑信念，一旦没有实现，便认为自己全完了，无法面对父母，这是一种典型的绝对化信念。要让小薇认识到，人的一生是不可能一帆风顺的，现代社会

的竞争如此激烈，要想成功就必须付出努力，并且对挫折甚至失败做好充分的心理准备，只有这样，失败了才能重新爬起来再奋斗。

3. “我没有出息，我对不起父母”是小薇失败后的反应，一旦她有了这种想法，就会导致食欲下降、失眠等生理变化。当小薇无法接受现实，无法忍受下去时，她的想法就会走向极端，认为事情已经糟糕到了极点。其实，小薇应努力地接受现实，在可能的情况下改变现实，杜绝“惨了”“糟了”这类消极的自我暗示。许老师建议她多鼓励自己，多从积极乐观的角度看问题。

通过一段时间的调整，自信的微笑再次回到了小薇的脸上。虽然许老师成功地帮助小薇解决了问题，但是作为班主任必须认识到这种在考试后学生存在异常心理的情况是非常普遍的，尤其是面对即将毕业的学生，老师应引起更大的注意。当然，这种现象的成因除了学生自身之外，与老师的导向和家庭的环境也有很大的关系。

目前大多数中学生最感到头疼的事情莫过于考试，随着竞争的日渐激烈，考试对他们的心理压力也越来越大。经常能听到有学生发生因考试后心理异常而导致的诸如离家出走、精神失常，甚至轻生等悲剧。因此就要求教师不能满足于做“衣食教师”，只在意学生的学业成绩而忽视他们的内心世界。关心学生的心理应当从具体的事情做起：首先，教师要学会倾听，以真诚的态度接近学生，倾听学生的心声；其次，教师要掌握一些必要的心理知识和疏导技巧，以帮助学生减轻心理压力，消除紧张情绪。

案例分析

考试焦虑又称为考试恐惧，是指因考试压力引起的一种心理障碍。主要表现在迎考及考试期间出现的过分担心、紧张、不安、恐惧等复合情绪障碍，还伴有失眠、消化机能减退、全身不适和植物神经系统功能失调症状。这种状态影响考生的思维广度、深度和灵活性，降低考生应试的注意力和记忆力，使其在复习和考试的时候达不到应有的效果，甚至无法参加考试，严重者可发展为精神障碍。

在判断是否患有考试焦虑症时，有两种错误观念：一种是认为只要感觉到压力，就怀疑患有考试焦虑症，越怀疑就越紧张，从而导致恶性循环；另外一种是认为只有一点都不紧张的人，才是一个能在考场上发挥正常的人。其实，就算成绩再好的学生，也会紧张，但只要紧张适度，就不会造成恶性循环，当然，一点不紧张是不可能的，那种对考试不报任何希望的人才会不紧张。正确的观念应该是，只要是正常人，在考试前都会自然产生某种程度的紧张情绪，考试有适度的紧张，才能发挥正常水平。

上述案例中的小薇就是因考试而产生的心理压力，每天胡思乱想，严重影响了学习。在班主任的日常教学工作中要多鼓励少指责，保护学生的上进心；多看希望少讲困难,保护学生的学习勇气;多个别指导少集体对比,保护后进生的自尊心;多让学生总结少主观评价;多找师长原因少找学生原因,减轻学生心理负担。作为班主任,还应该多角度为学生寻找展示自己才华的机会,使他们在某方面找到自信,树立信心。

此外,班主任还应与家长进行沟通形成教育合力,使学生能够健康快乐地成长。有些家长望子成龙心切,认为学习好是唯一的出路,对自己孩子的期望值太高,一旦孩子考试没考好,就没有好脸看,甚至打骂孩子。岂不知非但不能使孩子成绩好转,长此以往还会挫伤孩子的个性,打击孩子自信,使孩子在学习上失去冲劲。班主任应指导家长制定符合孩子自身情况的标准,尽可能为孩子创造一个轻松和谐的环境,这样也许会收到意想不到的效果。

让孩子吃点苦，他会倍感生活的甘甜。

——薛灿芝

“话公公”唐捷

唐捷是本地学生，纪律散漫，上课经常开小差，尤其爱讲悄悄话，是本班有名的“话公公”，别的同学认真听课、无人搭理他时，他甚至能一个人自言自语好一会儿，而一旦老师叫他回答问题，他却支支吾吾，声音低得像蚊子叫。他的话已多到了同学们无法忍受的地步，外出游玩时大家都嫌他啰嗦不愿意跟他在一组。他的注意力很不集中，再加上本来速度就慢，导致作业经常拖拉。有时一项很简单的作业，因为他边做边玩边讲话，常常要拖上好半天，经常是最后一个交作业。

他的爸爸是供销员，经常出差在外，妈妈是营业员，要三班倒，没有节假日，父母对他的教育是“心有余而力不足”。每逢父母都不在家,他就不做作业,去网吧打游戏。他的体质不好,又挑食,经常胃痛、呕吐、过敏,父母因此也不敢过于责罚他,于是他更有恃无恐。作业不做是常事,即便做了也是潦潦草草以应付老师。以上所述原因导致唐捷的成绩一直处在班级下游,三门功课都只能在六七十分,很不理想。虽然唐捷的学习不怎么样,身体也瘦瘦弱弱,但他的身体协调性好,跳高、掷垒球全班第一,所以他最爱体育,也颇受体育老师的重视。

根据唐捷同学的种种表现,我们可以确定唐捷是一个意志薄弱、自制力差、行为习惯不良、学习习惯不良、缺乏自信的孩子。这一切导致其成绩下降,对学习没有兴趣,而这又使上述种种表现日趋加剧。无视课堂纪律、随意讲话、自由散漫、打游戏机等等行为,唐捷不以这种行为为“耻”,反而觉得这是一种“潇洒”。唐捷之所以有这样的行为,是因为他长期得不到家长的关怀,且长期处于被同辈群体排斥的地位而造成的。这些情况造成他对被接纳的需要的满足受到阻抑,使其心理严重失衡,渴求受人关注。因此,为了引起他人的注意,导致他养成了不良的行为习惯。

坚强的意志是一个人用正确的道德观念克服个人不合理的欲望的决定性因素之一。不能严格约束自己的行为,注意力经常转移,“病情”老是“反复”,是唐捷同学意志品质薄弱、自制力差的表现。不想听课,不愿做作业,设法撒谎蒙混过关,与同学爱打爱闹等,这些都是他失去学习兴趣之后而形成的不良行为习惯。

对因缺少关爱等因素造成的问题学生,更应为他们创设平等的学习、生活和人际交往的环境。少年儿童是在不断成长的,心理还不成熟,在爱与友善的环境中更容易纠正错误,使他们以健康的心态正视自己,以积极的行为超越过去,向好的方面发展。家庭环境、学校教育对学生成长的影响是巨大的。环境是改变学生的重要因素,只有营造一个健康、温馨的环境,才有可能使学生走向健康的成长之路。对有问题的学生,老师不能轻言放弃,要了解其原因,多从心理的角度去分析,并给予真诚的指导和帮助,爱是可以转变一个孩子的一生的。

心灵应该习惯于从自身中吸取快乐。
——德谟克利特

严苛的自我要求导致强迫症

小强是市某重点中学高三的学生。小强小学时学习很好，成绩一直名列前茅，而且学得轻松，同时也很爱玩，师生关系融洽。初中在其母亲工作的学校（非重点）就读，起初学习不太用功，较贪玩，学习成绩中等，处于班级十几名之后。初三时，父母征求他的意见是考高中还是考中专，他开始意识到前途问题，决定考高中。父母为其借来大量参考资料，他自己也制定了严格的学习计划，并且静心苦读，进步很快，终以年级第四名考入重点高中。

进入高中后，小强信心大增，给自己定下考名牌大学的目标。但高一阶段成绩在班级为 14 ~ 15 名。暑假中碰到原初中几位就读其他重点高中的同学，得知人家成绩均在年级前列，很不服气，谴责自己努力不够，暗自定下在高二跃上班级前列的目标，并制定了具体计划，如要求自己上课一定要听懂，课间要总结好，回家不再花时间消化，而是阅读参考资料，结果并不理想。再次检查自己，认为目标、计划没错，还是自己用功不够，便挤出更多时间看书。

高二开始不久，就出现看书时脑内出现杂念的现象，如“这部分内容是不是高考的重点”、“考试时会怎样考”，继而脑中出现考不好时的紧张情境，排解不掉；平时产生紧张感，考试前加剧。此后学习成绩持续下降，学习成绩在班级中降至25名、34名、41名，他感到十分焦虑。进入高三后，症状加剧，只要是学习就出现杂念，已无法听课与看书作业，自己更为焦虑。想到高考迫近，非常紧张，整日焦躁不安，对自己爱好的小提琴、足球均提不起兴趣。于是找了一些心理卫生书籍看，试着自我调整，但效果不大。为了让自己尽快好起来，小强找到了他的班主任，并向班主任说明了情况，希望班主任能够帮助自己。

经过班主任对他的一段观察，认为他这是中学生中常见的强迫症。主要表现为前瞻性强迫担心与焦虑，即总是担心自己考试失败，上不了大学，引起严重焦虑。这种强迫观念出现在学习过程中，影响了学习效果，又进一步增强了担心与焦虑，造成恶性循环。小强已意识到这种担心是不必要的、有害的，试图控制，但无力摆脱。

他的班主任对他进行了进一步的观察，认为他是以强迫观念为主的强迫性神经症，伴考试焦虑。交谈与人格测验显示，他自律过强、严于克己、审慎刻板，这在他给自己定计划和对计划的执行上鲜明地表现出来，这些人格发展中的弱点是造成他患强迫症的主要内在因素。班主任着重分析了他产生强迫症的原因：一是自己定的目标没有什么大错，但计划有问题，导致效果不佳而产生焦虑；二是自己在人格上有弱点，主要为自律、克己与刻板。不切实际的计划，对自己过严的要求，产生自己不能原谅、接受自己的情况，出现强迫观念。

基于上述分析，小强的班主任采取了相应的措施，首先，鼓励小强努力克服自己的人格弱点，并指导他根据自己的条件制定学习计划，将大目标分解为小目标，切实可行地一步步前进。其次，教会小强要先自我放松，再进行学习。最后，培养小强的学习兴趣，让他明白，学习不单单是为了考大学，重要的是学会知识。一段时间后，强迫症状逐渐缓解。

前面我们已经提到，学生对学习的热爱不是基于学习成绩、父母期望和教师要求，而是因为对学习本身有浓厚的兴趣而产生的热爱之情。以学习成绩、父母期望和教师要求为导向就容易使学生产生焦虑、烦躁和忧心忡忡的心理。

虽然在学习过程中目标能够起到激励的作用，但是它也能够把人引入心理疾病的境地。真正热爱学习的人并没有为一种职业而奋斗，他们是把一种理想与追求结合起来，从而创造了那些不朽的奇迹。例如，爱

因斯坦绝对没有说他要做一名科学家，他只是对物理有浓厚的兴趣，这种兴趣促使他去不停地研究，不停地探索，最终他提出了时空的相对论理论。因此，班主任在教学工作中，应该注意培养学生的学习兴趣，把它作为教学的主要方面来对待。同时班主任也要注意运用目标的激励作用，把它作为教学的次要方面来对待。

我们应该有恒心，尤其要有自信心。

——居里夫人

一个厌学的学生

玲玲是某市某重点中学的学生，以前在小学时学习成绩一直不错，而且读得挺轻松的，跟小学的老师和同学都处得很好。可是，上了这所重点中学以后，成绩平平，虽然知道能考上这里的同学都是各小学的佼佼者，但玲玲还是不甘心自己如此平庸。初一上学期时，玲玲并没有太在意。到了初一下学期，班上一些学习优秀的同学自然而然成了一个圈子，他们在班上的各项活动中都表现得比较活跃。玲玲很羡慕这个圈子，自己很想融入这个圈子但却融不进去，于是她下定决心要刻苦学习提高成绩。

可是，尽管自己几乎把所有时间都投入到学习上了，但是却没有取得明显的进步。渐渐地，玲玲对自己失去了信心，感到学习压力越来越大。同时，在学校也变得不爱和别人交往，总担心

别人笑自己笨。

好不容易熬过了初一下学期,迎来了暑假。可是,暑假刚过一个月,一想起九月份就要开学了,就觉得胸闷、心慌、两手冰凉、手心出汗、气喘不过来。现在暑假快结束了,脑海里突然有很强烈的想休学在家的念头。玲玲知道这是逃避,这个办法是不现实的,但是却说服不了自己,内心感到痛苦。

于是玲玲找到了班主任王老师,并对王老师说出了自己心里的痛苦。王老师听后决定帮助她摆脱心理问题,让她能够健康快乐地学习。班主任不仅仅是教育工作者,同时也是心理咨询师。王老师就是以心理咨询师的身份来帮助玲玲解决心理问题。

一、确定咨询目标

王老师和玲玲共同商定了咨询目标。首先设定了具体目标:缓解厌学、焦虑的情绪;近期目标:调整对学习的错误认知,矫正错误的学习方法以及对人、对事的不良归因倾向;最终目标:掌握科学的学习方法,能客观地评价自己和他人,能快乐、积极和有效地学习和生活。

二、咨询过程

第一阶段:建立关系、宣泄情绪

运用倾听、通情达理等技术来建立咨询关系,王老师要始终保持真诚、尊重、热情、积极关注和温暖的咨询态度,促进玲玲的自我开放。

良好的咨询关系是咨询赖以持续下去的基础。因此，在这阶段，王老师主要运用倾听、共情技术，配合鼓励和重复技术，并且适当地进行情感反应和内容反应，营造出安全、温暖、接纳的氛围，让玲玲敞开心扉。

第二阶段：分析问题、探寻根源

运用提问和自我审查的技术以及解释、语义分析技术来分析问题、探寻根源。

在建立关系和了解情况的基础上，王老师让玲玲明白她的厌学、焦虑情绪主要来源于对她对学习、考试成绩的一些错误认识和观念，以及她赋予好生、差生的特殊意义。

首先，王老师运用提问和自我审查的技术，把玲玲引导到"我上中学后学习很努力可是却学不好"这个问题上来。针对这个问题，王老师又提出了以下几个具体的问题："你能不能告诉老师，你学习很努力主要体现在哪些方面？""老师为什么要布置作业，你做作业是出于什么目的？"

通过对上述问题的探讨，王老师发现玲玲所说的"努力学习"主要体现在每天晚上都写作业写得很晚，特别是做数学题的时候，每碰到难题，她都忍不住花长时间冥思苦想。而由于做数学花去太多的时间，要完成其他科作业时，时间就很紧张了。另外，她所说的"努力学习"还体现在上课不停地记笔记上。

原来，玲玲的父母从小就鼓励她"自己的事情自己做"、"世上无难事只怕有心人"、"学习要认真，要听老师的话"。因此她养成了独立思考的习惯，碰到问题喜欢自己去思考、琢磨，并且问题没解决就不善罢甘休。因此，碰到数学难题时，她容易陷进去出不来。针对此，王老师引导玲玲意识到中学的题目难度比小学大，做作业的目的是为了发现自己哪些还没掌握，从而使自己上课时有针对性地听课。因此，遇到难题时可以通过问老师、同学或者查找相关的参考资料来掌握知识的缺漏。还有，王老师引导玲玲意识到她白天忙着记笔记，晚上忙着写作业，这样她没时间去及时地消化、吸收尚未掌握的知识。

接着，王老师通过语义分析技术，让玲玲把“我学得很努力可是学不好”转换为“在初一时，我花了很多时间做作业、想数学题、课堂上做详细的笔记，但是没有取得明显的进步。数学、英语处于班级中下水平，其他各科是中上水平”。

王老师进一步解释，玲玲对自己要求较高，虽然主观上一直想努力提高学习成绩，但是因为学习方法不够正确，所以在学习上屡屡有挫败感，影响了自信心。又由于她不够自信，进而影响了人际知觉，把学习好的同学理想化，同时封闭自己，不主动与人交往，产生了孤独、压抑的感觉。

第三阶段：调整认知、促进心理健康

经过第二阶段的咨询，玲玲对自己的心理问题以及形成心理问题的原因有了比较明确的认识。因此，王老师在第三阶段主要运用行为矫正技术来进一步调整玲玲的认知，实现改变。经过商讨，制定了以下方案：

首先，每天做家庭作业之前，合理估计各科作业所需时间。

做数学题时,先易后难,一道难题如果想了5分钟还是一点头绪都没有,先做个记号,第二天上课认真听老师讲解,如果还是不理解,课后腾出时间问老师和同学,直到弄懂为止。

其次,主动去关心一位学习好的同学,了解那位同学的学习方法以及他的困惑和苦恼。并及时反馈执行情况以及内心体验。

最后,调整关注学习的方式,用关注过程来取代关注结果。

三、咨询效果的评估

在咨询结束一个月后,玲玲认为自己的学校生活轻松、快乐了很多,学习不像原来那么紧张了,学习效率提高了;学习成绩进步了,虽然不是很拔尖,但是自己挺满意的;已经跟班上一些同学交上朋友了。

案例分析

这是一个重点中学初一学生适应不良引起的厌学情绪问题。玲玲在小学时学得很轻松,与老师、同学之间的关系融洽,但是升入重点中学以后,由于环境的改变以及同学之间竞争的加剧,加上玲玲没有及时改变学习方法,使学习成绩一直无法达到自己预定的目标,同时这进一步导致其无法很好地融入新的环境。学习上的受挫感以及人际交往方面的孤独感使玲玲在开学前夕产生了厌学情绪。这实际上是一种逃避、退缩的自我保护行为。

班主任作为教育工作者,同时也是心理咨询师。这就要求班主任不但要有丰富的教育学知识,而且要掌握大量的心理学知识,运用心理学的原理和科学的方法切实解决学生产生的各种心理问题。上述案例中的玲玲出现的问题就是典型的心理问题,她的班主任王老师运用自己的心理学知识,帮助她摆脱了心理困境。因此,要想成为一名优秀的班主任,不能单单具备专业知识,还应具备大量的心理学知识,能够解决学生的心理问题,让学生有一个健康的心理状态。

第四编

学生人际关系心理辅导

班主任是班集体的领导核心，因此受到家长的信任和学生的尊敬，也就是说只有班主任才能发动同学和家长这两种力量来共同完成对学生的教育工作。

把天真快乐的童年还给孩子，保存和丰富孩子的感受能力吧，它是自然对人类最大的恩赐，它是孩子终身的财富！

——甄世田

她能主动与同学交往了

刘蓓是小学四年级的学生,学习成绩一般,性格内向,上课从不主动举手发言,老师提问时总是低头回答,声音听不清,脸蛋涨得绯红。下课除了上厕所外总是静静地坐在自己的座位上发呆,老师叫她去和同学玩,她会冲老师勉强笑一下,仍坐着不动。刘蓓的父亲是银行的一位领导干部,每晚一般都坐在刘蓓身边陪着她学习。由于过于重视孩子的学习问题,所以教育方式粗暴。刘蓓的父母除了对她的学习要求特别严格外,别的方面可以说是衣来伸手,饭来张口,无忧无虑。

父亲粗暴的教育方法使刘蓓对学习产生了恐惧感,从而产生逆反心理,对学习的兴趣不浓,学习成绩不理想,渐渐地形成自卑感,总觉得自己不如同学,不愿主动与同学交往。刘蓓在家从没做过家务，自理能力很差，值日工作不会做，班上与她一起做值日的同学免不了说她懒，她觉得很没面子，因而更不愿与同学交往。

刘蓓的异常引起了班主任古老师的注意，于是古老师对她进行了家访，从家访中古老师了解到刘蓓的家庭教育方式有问题，从而导致刘蓓的异常，于是古老师针对刘蓓的问题制定了一套辅导方案。具体方法如下：

1. 利用游戏活动为其创造交往的条件。上活动课时，教师主动邀请她玩游戏。同时，引导其他同学与刘蓓共同完成游戏活动，活动中引导刘蓓主动与同学交往、合作。

2. 指导家庭教育，改变不良的教育方式。刘蓓的父亲每天下午放学必到学校接她，古老师经常利用这种机会与他交流，反馈情况，共同商量解决孩子不良心理状况的办法，建议家长选择适当的教育方式，对孩子的进步给予肯定、表扬。同时，适当地让孩子做家务，提高孩子的自理能力，从家务劳动中锻炼与家人交往的能力。

3. 创设良好的班级人际氛围。利用心理辅导课和活动课对学生进行群体性的心理辅导，让学生知道与他人交往、帮助他人，不嘲笑、鄙视能力比自己差的同学是一个好学生应具备的良好品质，从而鼓励同学们在学习、劳动上主动地帮助刘蓓。

4. 培养刘蓓交往的语言表达能力，提高她与同学交往的信心。刘蓓成绩一般，上课又不主动发言，在与同学交往中不善言辞，很是木讷。教师利用心理辅导课给她进行语言训练，通过自讲,和同学对讲,在讲中记,在记中练,在练中学习技巧,扫除她与同学交往过程中的语言障碍。

5. 利用劳技课培养合作精神。学校有一间劳技课活动室,只有十张劳技活动操作桌,全班 55 位同学,每桌坐 5 人,每次操作活动需要 5 人共同合作完成。班级每周进行一次劳动技能培训的活动,在活动中鼓励刘蓓主动与伙伴们配合,完成好同伴分配的任务。

通过班主任古老市师的精心辅导,刘蓓的学习成绩不断提高。下课能主动与同学交往、一起做游戏,上课能举手发言且声音洪亮。在家里学习积极主动,乐于把班级的事讲给父母听,还能主动帮家长做家务。

一个人不可能脱离集体而独立存在,使每一个学生都融入到班集体中来是班主任义不容辞的责任。

在上面的案例中,由于刘蓓自己的闭塞和家庭教育的失败,造成了她孤僻的性格,导致她与班集体的脱离。班主任古老师注意到她的问题后,能够及时采取措施,进行家访并制定辅导方案。在家访过程中建议刘蓓的家长改变不良的教育方式,选择适当的教育方式,让刘蓓在健康的家庭环境中成长。在辅导过程中班主任为刘蓓创造一个良好的学习环境,鼓励刘蓓积极主动地融入到班集体中去，与同学交往、谈心，让她真正成为班级的一员。

作为班主任，要注意观察自己所领导的班集体，注意培养学生团结协作的能力，创造一个积极健康的班集体，一个绿色阳光的班集体。让每一名学生都体会到班集体的温暖。

当学生的后勤兵，全心全意为学生的发展服务。

——战文颜

他不再胆怯了

某小学四年级的学生李冰，学习成绩很好，但性格内向。在课堂上一直不敢回答老师提出的问题，一回答问题就脸红、胆战、心跳，总担心回答不对。在学校很少参加集体活动。放学回家后，就钻进房间看电视、看书，再也不出门。据了解，李冰从小就胆小，做事总是独来独往，人际关系欠佳。

李冰从小和母亲在乡下生活，直到三年级才跟随父亲转到某校就读。其父亲一直在外做生意，母亲在家务农，都没有时间多管孩子，李冰只能整天一人独自待在家里，缺乏父母的关心。李冰的父母也没有多余的时间带他到公共场所参加集体活动，由于缺乏锻炼造成了李冰孤僻、胆怯的性格。李冰不愿主动与人交往，对同学冷淡，不理睬，好像比较高傲的样子，伙伴们也不敢与他接触，所以人际关系不佳。

李冰的班主任于老师注意到他的异常表现后，就主动与他接近，分析原因，并制定辅导方案，让他尽快改变孤僻、胆怯的性格。其具体方法如下：

1. 鼓励李冰多与人交谈，做到有话就说，有事就谈。让李冰做自己感兴趣的事，鼓励他多与老师交谈，说出自己的心里话。老师与李冰一起制定出改变胆怯心理的计划。

2. 引导李冰交友。老师介绍班上性格外向、活跃、学习成绩好的同学和他交朋友，让他们互相交谈，共同商讨解决胆怯的办法。

3. 督促李冰写观察日记。让李冰每天写一篇日记，把一天的所见所闻都写下来，并且读给同学或家长听，家长听后要在日记后面签上家长意见，增强他的胆量。

4. 参与课外活动。带李冰参与课外活动，并且让他担任其中的一个角色。如由一个普通的参与者到当协助主持人，或者由协助主持人变为当主持人等来参与组织开展活动，让他从不敢说到敢说。这样既增进了他与同学之间的友谊，也增长了智慧。

5. 引导阅读。让李冰阅读课外书籍，每读一篇都要写下读后感，写完后，每天自己对着墙壁大声读两次。既充实了知识，也可以改变心理状态。

6. 创造课堂发言的机会。上课时教师引导李冰回答问题，多给他说话机会，只要他稍微有一点进步，教师就及时给予他肯定，并表扬他，增加他的信心。

7. 与家长联系。经常家访，与李冰父母交谈，及时把李冰的情况反映给家长。对李冰的父母提出要求，让他们尽量抽时间带孩子参加社会上各种娱乐活动，让孩子得到锻炼。

通过于老师的辅导，李冰胆怯的心理现象逐渐消失，性格方面也有了很大的改变，经常见他出现在集体活动的人群中，并能独当一面，组织活动也很成功。在课堂上也能积极举手回答问题，学习上进步也很快，成了班上每个同学的好朋友。

案例分析

在学校学习的学生主要接触三个环境，即老师环境、同学环境和父母环境。学生不善交际，内心闭塞，除本身的性格因素外，绝大部分是由这三个环境决定的。学生大部分时间都在学校中度过，班主任、老师和同学就成了学生接触最多的人。班主任是班集体的领导核心，因此受到家长的信任和学生的尊敬，也就是说只有班主任才能发动同学和家长这两种力量来共同完成对学生的教育工作。

当班主任发现某个学生人际关系冷漠，不爱说话时，要积极主动地与其家长进行沟通，同时发挥班集体的力量，让他感受到集体的温暖，融入集体当中。

人应该谦逊，但不能自卑。

——姚乐丝·卡尔基

“我讨厌他们”

小芮是小学六年级的学生，个子矮胖，皮肤较黑，双眼先天性斜视，在校成绩一般，较喜欢语文，爱奇思异想。父亲是某空军部队干部，母亲是某商店售货员。小芮在4岁前与母亲生活在家乡河南某市，之后母女随军到另外一个城市，小芮就读市幼儿园及小学。小芮性格内向，自尊心很强，特别敏感，与人相处时显得任性、霸道、易生气，经常讽刺挖苦同学，甚至动手打与其开玩笑的男同学。人际关系不好，常与同学闹别扭，教师问其原因，说的最多的话是“我讨厌他们”，因而，小芮总是独来独往，不合群，也不愿参加集体活动，常自言自语，或与草木交谈，边抚摸边喃喃自语。

小芮的沉默寡言与不合群引起了班主任陈老师的注意，为

了改变小芮的孤僻性格，陈老师为其制定了辅导方案。具体方法如下：

1. 加强与小芮的个别面谈。教师常与小芮个别面谈，时间地点不限，及时全面地了解其心理状况，以及她的思想动向和心理需求，同时建立一种平等民主和谐的师生关系。

2. 利用日记作文，师生进行情感交流。抓住其在日记作文中表露出的积极情感，给予夸张式的书面肯定及鼓励，如“瞧！你是一位多么富有爱心的女孩啊，大胆地把你的爱转化为大家可以看得见的行动吧！”“其实同学们比你想象的还要热情得多呢！只要你乐于加入他们的游戏中，他们将非常欢迎你，试试看吧！”“你有着同学们难以比拟的丰富的想象力”等等，发掘其闪光点，帮其树立自信心。

3. 创造机会，展示自己。充分发挥小芮爱好语文、爱想、爱写的优势，多次给她提供在班上当众读自己文章中精彩片断的机会，或要她介绍写作经验，帮助其在同学们面前树立全新的形象，使同学们改变对她“刁蛮、任性、霸道、自私”的看法，缩小她与同学之间的心理距离。同时使其得到被他人认可后的成功体验，从而增强自律意识，发扬长处，改正缺点。

4. 处理好小芮与同学之间的关系。对小芮与同学心理上形成的敌对情绪，要及时进行辅导。多与小芮进行个别沟通，教育其宽厚待人，要看到同学们的长处，多做自我批评；同时在班上引导同学一分为二地评价小芮，并强化其长处，消除同学们对她的偏见；做好班干部的工作，促使班干部积极主动地邀请小芮参加各种娱乐活动和各类集体活动，如“庆六一文艺汇演”的“舞蹈”和“配乐诗朗诵等”。

通过班主任的细心辅导，小芮变得活泼开朗起来，整天笑呵呵的，与同学关系也融洽了，课间时时蹦出几句风趣幽默的话语，逗得大家哈哈大笑。如今，通过手术，小芮的斜视也得到了矫正。

小芮刁蛮任性性格的形成原因有两个：一是父母的溺爱，二是天生的斜视。父母对孩子过度宠爱容易让孩子养成衣来伸手，饭来张口的习惯，形成刁蛮任性的性格。在现代的家庭生活中，孩子成为了家庭的“宝中宝”，形成了“小孩说话，全家都听”的局面。在家庭生活中，他们是“小王爷”“小公主”，说一不二，但是在学校里，由于他们长期形成的霸道性格一时没有办法改变，因此往往造成人际关系紧张的局面。

对于这种“小王爷”“小公主”，班主任需要对他们进行人际关系心理辅导，扫除他们霸道的性格。除此之外，班主任还需要提高他们的道德水平，加强德育教育，帮助他们树立正确的人生观、价值观。

一个骄傲的人，结果总是在骄傲中毁灭了自己。

——莎士比亚

“还有人喜欢我吗”

市某中学初二的学生姗姗，学习成绩较好，开朗、有个性、思维活跃、敢说敢做，但盛气凌人、自以为是、孤芳自赏、桀骜不驯、嫉妒心极强。她认为人与人之间无信任和善良可言，皆唯利是图，对他人缺乏真诚。虽然姗姗学习成绩好，但同学都不太喜欢她。姗姗与家长、老师说话也是咄咄逼人，与人沟通时总带着争吵的神态，难以心平气和地与人交流。姗姗自认为是不太受人欢迎的人，想交知心朋友，同学们都敬而远之。所担任的班干工作常因同学的不合作而不能如愿完成。因此她的情绪极受影响，气哭过几次，辞职过几次，甚至想走绝路。

姗姗的家长无法解决姗姗的问题，就找到了她的班主任，让她的班主任帮助解决。姗姗的班主任在详细了解了她的情况后，为其制定了辅导方案，其方法如下：

1. 从家里做起，家里亲人是最能宽容自己的错误和不良态度的人。要求家长配合，在与姗姗交谈时，切忌大声争吵。如果态度不平和，提醒她停止谈话，数 5 ~ 10 下后再说话，使她激动的情绪平静下来。扩展到与同学交谈时也如此。

2. 学会聆听。虚心倾听他人的谈话，这是对别人极大的尊重。即使有不同的观点，也不要立即反驳，让别人把话说完，再发表自己的观点，并且不必强迫别人接受、赞同自己的观点，这样可以改变自以为是的毛病。聆听，先从观众做起，就可以让姗姗走近同学。

3. 老师助一臂之力。①认知辅导。让姗姗认识自己的所作所为的错误及危害性，使其幡然悔悟，痛改前非，并产生强烈改正错误的欲望，积极主动地参与辅导并配合。②化解矛盾。为她调整班干工作，避开那些需要与较多同学协助的班务工作，暂时减缓她与同学之间紧张的气氛。③欣赏他人。让她每天发现本班一位同学的优点、长处，并记下来，改变她总以挑剔的眼光审视别人的习惯，慢慢消除她的嫉妒心理。每过 1 ~ 2 周后把她表扬过的同学叫到一起，让他们知道姗姗赞扬他们，从而使他们对姗姗有好感。④学会协作。有目的的分配一些任务给姗姗与班中的另外两名同学，让她在工作和劳动中学会与人协作，改变她孤芳自赏，缺乏与人真诚相待的心态。⑤重塑姗姗的威信及形象。在班级的“一帮一”的互助学习模式中，把在班里属人缘好的学生分与姗姗一组。这样，姗姗因为与该生关系密切而融入她们的圈内。姗姗与同学们的关系走近了，就主动帮助学习有困难的同学，给他们讲解不懂的问题。这样，使姗姗的威信倍增，并树立乐于助人的新形象。渐渐地她被同学们所接受，不再感到孤独了。

通过班主任和家长的密切配合，姗姗积极主动地参与，经过近一学期的辅导工作，姗姗与同学们相处和谐多了，朋友也多了，心情也变得轻松愉快了，而且对班集体更加关心，还经常与老师谈论自己的想法，并能虚心接受老师的合理建议。同学们都说："姗姗变得文静多了，挺招人喜欢的。"

案例分析

中学生正处在身心发育的高峰时期，独立意识和自信心逐渐增强。姗姗因学习成绩好，思维活跃，加之性格外向，敢说敢做，不隐藏自己的喜、怒、哀、乐，因而易得罪同学。她过于自信的性格使她产生自傲心理，同学因被她瞧不起而疏远她。她没有知心朋友来交流思想，无法得到同伴的认可，所以她认为人与人之间无信任可言，都是虚伪的。为了保护自己的荣誉和自尊，她以自私、嫉妒的心理，盛气凌人的态度对待同学、家长和老师，唯我独尊，而内心又渴望大家对她友善和关爱。这是中学生常出现的人际交往心理问题。

人需要的是傲骨而不是傲气。郑板桥有一副对联是"未出土时已有节，及凌云处尚虚心。"虽然他写的是竹子，但是却告诉世人一个道理，那就是做人不但应该有气节，还要虚心。人都有自尊的心理，没有人愿意和傲慢的人在一起。正处于青春期的中学生，自立意识和自尊意识都比较强烈，希望别人能够欣赏自己，能够看到自己的成绩和进步，这也是很正常的，但是万万不能养成忌妒心理和傲慢心理。教师在教学工作中应该注意培养学生谦逊的作风，让学生保持一种空杯心态，只有这样，才能让学生不断进步。

要做到作为教育者的父母行动统一，就是要教母爱和父爱学会贤明，使善和严、柔和刚达到和谐。

——苏霍姆林斯基

他对同学们的谈笑不再耿耿于怀

莫华是高一年级的学生,学习成绩一般,性格内向,皮肤较黑,身材偏矮。莫华的父母离异,法院判其随母亲生活,但实际上因母亲收入不高,住房条件差而让他随父亲生活,母亲每月提供一定的生活费。莫华在学校各类涉及家庭状况的调查表中从不填写父亲姓名,仅写母亲。在班级中,他缺少友伴,独来独往,不愿参加集体活动。有时他上课迟到,进教室时扭扭捏捏,有些同学笑话他,他就发火。课余时间,同学们在他课桌旁边开玩笑,他就认为同学们在嘲笑他,独自喃喃自语;同学们打闹碰了他的桌、椅,他认为是故意弄的,是专门针对他。

因莫华父母离异,对莫华的成长造成很大影响,因他判给母亲,母亲较关爱他,但由于经济、生活所迫,他与父亲同住,却感受不到父爱，反而有寄人篱下的感觉，父子关系疏远。由于性格内向，疑心重，且皮肤较黑、身材偏矮，自卑心理较重，缺乏可交流的玩伴，形成不合群的心理，拒绝与人交往，人际关系不佳。莫华的班主任知道了他的情况后，为了帮助他摆脱心理问题，让他能够与同学和谐相处，就为他制定了相应的辅导方案，具体辅导方法如下：

1. 与家长联系：通过家访、电话联系等方式，了解现在莫华的家庭状况，与其父母交流，请他们以孩子发展为重。尽管两人已离异，但仍应给予孩子心理、精神上的关心与支持，不能认为负担其学习、生活费用就足够了。

2. 在集体活动中安排莫华担任一定的任务，加深与同学的交流。

3. 在班团干部中做思想工作，要求他们主动与莫华交流，关心和帮助他。同时安排一位热情细心的团干与他同桌，形成友好的氛围。

4. 阅读指导：给莫华介绍各类有益的有关沟通技巧、促进人际关系的书籍。耐心指导，指导其读书；指导其正确的穿着、打扮；指导其如何发泄情绪等。

5. 举办演讲活动：要求每位学生都参加，对莫华特别辅导，培养其自信心，同时通过演讲活动达到主动交流的目的。

经过教师、家长、同学们的配合及辅导、帮助，莫华与父亲关系逐渐融洽。在各类表格中有家庭情况填写时，能主动写上父亲姓名及有关情况。与同学关系有所改善，集体活动能参加，对同学们的善意谈笑不再耿耿于怀，他走出了人际关系的误区。

案例分析

特殊的家庭环境造成了莫华内向孤独的性格，形成他对其他同学的言行举止极为敏感的状况。我们通过上面的案例可以看到莫华是一个没有感受到家庭温暖的孩子。离异家庭的孩子往往对外界保持一种冷漠的态度，一般或多或少都会存在内向孤独的情况，但是这些并不是没有办法改变。“物化人心恒以爱”这句话说出了改变这些失去家庭温暖孩子的具体方法——爱心。让他体味到集体的温暖，告诉他每一个同学都很喜欢他，都非常欣赏他，都愿意和他做朋友，希望能够帮助他，让他体味到什么是爱，什么是幸福，改变也许就在转瞬之间。

第五编

学生自信问题心理辅导

一个优秀的班主任，要善于保护学生脆弱的心灵不受到伤害，加强学生之间的团结合作，让他们学会尊重同学，维护别人的自尊心。

缺乏信心并不是因为出现了困难，而出现困难倒是因为缺乏信心。

——塞内加

害怕照镜子的女孩子

张琪是市某中学初一的学生,学习成绩一般,性格内向,皮肤较黑,脸上有雀斑,一副矮胖身材。张琪的父亲是汽车驾驶员,长期出车不在家,母亲在棉纺厂工作,经常加夜班,还有一个哥哥在某校读高一(住校),不经常回家。因此,家中时常只留下张琪一人。在节假日的时候,也很少有家庭聚会,全家都是各自忙自己的事情。

据了解,张琪属于超生,家庭经济不宽裕,加上父母工作性质造成没时间照顾她,于是她从小就跟外婆一起生活,直到小学四年级才被接回家中,但与父母的关系一直不是很融洽,因此放学后她都不愿意回家。张琪没有朋友,总是独来独往,人际关系欠佳。远离人群,不愿过集体生活,情绪不稳,经常发脾气,不愿面对镜子正视自己的模样。

张琪的班主任林老师注意到她的孤僻性格后，就对她进行观察了解。在调查中发现如下问题：张琪的父母一向喜欢男孩，对张琪比较忽视，加上张琪自幼寄养在外婆家，到10岁时才回到父母身边，因而缺少父母的关怀，张琪自感在家中没有地位，情愿放学待在教室，也不愿马上回家。由于幼时跟外婆相依为命，童年缺少玩伴，养成了不合群的心理，不愿主动与人交往，即使别人主动来找她，张琪也经常表示拒绝，且态度生硬，令人难以接受。张琪属于矮胖型身材，加上较黑的皮肤和脸上有雀斑，致使张琪不敢面对镜子正视自己的模样，自卑感较重。在了解到上述问题后林老师就对张琪进行了家访，并与其父母商量共同为张琪制定辅导方案，具体方法如下：

1. 个别会谈：班主任经常与张琪进行个别面谈，以全面了解其心理状况，以及问题行为产生的心理原因，并与张琪共同制定计划以改善目前的情况。

2. 与家长联系：通过家访、电话联系和家长到校面谈等多种方式，来了解张琪家庭情况及其在家的表现，并与其家长进行思想沟通，共同商讨解决办法。

3. 写观察日记：鼓励张琪养成经常写日记的习惯，把每日所想所见记下，除了可以了解张琪的行踪和想法之外，还可以鼓励张琪经常审视自己，以增进自我认识。

4. 自我接纳：要求张琪每天必须照两次镜子，仔细观察自己的模样，逐渐接纳自己，消除自卑感。

5. 组织丰富多彩的集体活动：安排张琪参加集体活动，担任一定的角色，加深与同学之间的友谊。

6. 阅读指导：给张琪介绍各类有益增进自我了解、充实知识和增进人际关系的书籍，并耐心指导。

7. 设计鸡蛋保护活动，以体会父母养育之恩：以三周为期，要求张琪每天带一只鸡蛋到校，由林老师签名然后带回去，日复一日，不得破损。以此举让张琪体会父母为养育她所付出的辛劳。

通过林老师的辅导，张琪自卑感明显减弱，与父母和同学之间的关系也有了一定的改善，集体活动也能较积极地参加。尤为可喜的是，张琪已不太在乎自己的外表了，学习上也有了较大的进步。

俗话说："爱美之心人皆有之。"进入中学阶段，伴随着女生第二性特征的到来，女生开始打扮自己，注意自己的穿着服饰，喜欢接近异性，这是很正常的生理现象。但是，正值青春发育期的中学生对美的追求还没有深刻的认识，还处于感性阶段，换句话来说就是虽然已经知道了美的存在，但是并不认识美。于是，一些自以为自己相貌丑陋的学生就开始变得自卑，妄自菲薄起来。

在上面的案例中，张琪由于自己的身材矮胖，脸有雀斑，再加上生活环境的窘迫，使形成了严重的自卑心理。她的班主任林老师能够及时发现问题，通过与她进行个别谈话、督促她写日记、让她参加集体活动以及对她进行家访等方式让她摆脱自卑心理，这是一个很成功的班主任辅导案例，其他班主任在处理类似问题的时候可以以此为鉴。

作为班主任要多注意自己的学生，多注意他们的心理变化，一旦出现异常就应及时帮助学生克服心理障碍，防止事情恶化。除此之外，班主任还应加强学生青春期生理知识的学习，帮助他们树立正确的人生观和价值观，让他们有一个积极健康的心态，轻轻松松地度过中学时代。

信心是命运的主宰。

——海伦·凯勒

他的自卑感减轻了

小彬是市某中学初二的学生，成绩一般，上课经常迟到，听课不专心、效果差，课堂上不是乱画画就是看漫画书，作业、练习缺交较多。据了解，他放学回家后就开始玩游戏，常常玩到深夜才睡，根本不做作业。虽然小彬的缺点很多，但他也有优点，即他的闪光点：①勤劳动，不怕脏、不怕累；②有画画特长，并且得到家长的支持。

小彬在上课时不听话的表现引起了任课老师的不满，任课老师把问题反映到了班主任赵老师那里，赵老师知道后就对小彬进行观察，一段时间后发现任课老师反映的问题的确存在。于是赵老师就找小彬进行谈话，并对他进行家访，在家访中赵老师了解到原来小彬从前也是个听话、爱学习的好学生，就是因为一次参加画画比赛没拿到奖，就认为自己不行，从那以后就意志消沉，父母说的话也不听，父母怕刺激他，也不敢多说他。赵老师把大概情况都了解后，知道小彬的问题主要出在自卑心理上，于是就为小彬制定了相应的辅导方案，让他能尽快走出过去的阴影。赵老师的具体辅导方法如下：

1. 安排小彬担任群众性工作，让他在接触群众中受教育，消除自卑和焦虑心理。安排他担任美术课代表，并负责课前准备的检查记录、协助美术老师收美术作业及发动同学们制作美术作品参赛。在工作中让他觉得自己是有用的，有能力的。

2. 发挥其个性特长，让他参加班上宣传小组，为墙报画画。鼓励他积极参加市里的“爱科学月”美术比赛，并为他获得成功创设有利的条件，让他尝到成功的喜悦。

3. 班级举行以“我已经长大”为题的心理辅导课，每人至少列出五个优点，然后再找出不足。以此来增强学生的自信心，消除自卑心理。

4. 对小彬每一点一滴的进步，都及时表扬并给予肯定。如勤劳(不怕脏、不怕累)、成绩进步及作品获奖等。

5. 个别谈心，进行心理疏导。分析问题行为产生的原因，共同商讨如何去克服它、解决它。

6. 写周记，老师阅后认真写评语，并鼓励小彬写出自己的想法、看法，让他与同学交心。

7. 与家长联系，取得步调一致，对小彬以鼓励表扬为主。

8. 期末采用“谈心式”评语，对其多作鼓励性的评价。

9.组成“一帮一，一对红”的对子。让班上一优秀生主动跟他结对子，使他们互帮互助，共同进步。

由于家长、老师的配合以及同学们的帮助，小彬自卑感减轻了很多。他上课不再迟到了，而且能够用心听课，按时交作业，晚上也不玩游戏了。初二上学期还被评为校进步学生，“爱科学月”获学校科幻漫画一等奖，多幅美术作品参赛参展，三次参加学校墙报制作比赛，均获一等奖。除此之外，他还积极参加体育运动，并成为班里篮球队的主力队员。

对于自卑的学生来说，他们认为没有人关注自己，所以也就根本不在乎自己的言行举止，产生自暴自弃的想法。时刻认为自己比不上别人，自己不如别人。严重的自卑心理让他们丧失进取心，消沉孤独，甚至酿成轻生的悲剧。

那么如何使具有自卑心理的学生树立自信心呢？彻底去除自卑心理的法宝就是激励。对于具有自卑心理学生的每一点进步都要采用夸张式的鼓励，让他们认识到自己原来并不比别人弱。努力寻找他们的优点并给予表扬，对他们为班集体做出的贡献在班会上给予嘉奖，对于他们所犯的错误尽量不采用批评的口吻。在给予鼓励的同时，要组织他们多参加集体活动，使他们努力克服自卑的心理。通过鼓励、表扬和嘉奖，他们就会认为老师并没有放弃自己，自己也和其他同学一样，并不比别人差。通过参加集体活动，他们会接触很多的同学，让他们在与同学的接触中慢慢克服自卑心理。这样通过“双管齐下”的方式，班主任就能很顺利地帮助学生树立自信心，克服自卑心理。

对于自卑心理的学生来说，班主任关键的工作是要帮助他们树立自信心。上述案例中的小彬因为一次画画比赛没获奖就对自己失去信心，从而导致自卑心理，作为他的班主任赵老师能够从多方面了解情况，找出问题所在，并为他制定辅导方案，最终成功地使他摆脱自卑心理。赵老师使用的方法值得其他班主任参考与借鉴，从而能够为学生创造更有利的成长环境。

幸运是个伟大的老师，而不幸则更伟大。拥有会纵容思想，欠缺能却训练并强化思想。

——威廉·哈立特

她喜欢读书但又害怕上学

小丁是某中学初三的学生，个子较矮，性格内向，成绩一般。小丁一岁时因为一场高烧头发全掉光了。十几年来，父母带她跑了很多医院，一直不断地吃药，但头发还是没有长出来。

上小学时，不管春夏秋冬她都戴上一顶帽子，常被同学们指指点点。有一次上学时，几个调皮的男同学掀掉她的帽子，并把她推进臭水沟里……从那以后，她对上学产生了恐惧，对生活失去信心，常常独来独往，远离人群，不愿过集体生活，认为人与人之间是冷漠无情的。初中时，她摘掉帽子戴上假发，有一天做课间操的时候，班上一个男生当众把她的假发扯下来，让同学讥笑她，从而更加剧了她对周围人的憎恨。

小丁本身没有头发已很伤心，又遭到了多次伤害，使她感觉

到人情淡薄，世态炎凉，没有温暖，没有快乐。她很想读书，渴望学好文化，但又害怕上学，而又不得不上学，她的思想一直处在矛盾之中。她恨老天为什么这样不公平，她觉得活在这个世界上真是受罪，这种想法严重影响了她的生活、学习和成长。

小丁的父母对她一直都有一种歉疚感，但是又想不出什么好办法帮她解决问题，于是，就找到了小丁的班主任吴老师，希望吴老师可以帮助她。吴老师通过一段时间的调查了解，知道了病因所在，就为小丁制定了相应辅导方案，并要求小丁能够积极配合。其具体辅导方法如下：

1. 个别交谈。为了提高小丁生活的信心，老师跟她讲《钢铁是怎样炼成的》的故事、盲聋才女海伦的故事以及残疾人张海迪的故事，用英雄们的动人事迹激发她沉睡的心灵，告诉她这些残疾人的状况比她惨一百倍、一千倍，但他（她）们没有被不幸打倒，而是向命运抗争，走出属于自己的一片天地。小丁老师鼓励小丁也要像他们一样，能够有勇气站起来并比其他人活得更好。

2. 坚持写周记。鼓励小丁常写周记，特别是有关心理活动的周记，使老师全面了解其心理状况及心理问题产生的原因，并与她共同制订改善这些不良心理状态的计划。

3. 鼓励她参加集体生活。让她过正常的集体生活，让她多与同学接触。老师安排和鼓励她担任班级组长工作，让她有自我表现的机会，从中看到自己的价值。在她担任组长的过程中，虽遇到过各种各样的困难，也有些男生因学习问题拿她的假发为难她，但她已能勇敢地面对现实，老师也能及时地支持她的工作，使她顺利地完成工作任务。

4. 举行集体辅导活动，开展以“团结友爱”为内容的辅导活动课，让那些专门拿别人的痛苦取乐的同学感到惭愧，主动向小丁道歉。同时，组织丰富多彩的集体活动，让小丁担任一定繁荣角色，增强她与同学之间的交往，加深了与同学之间的友谊，使同学们不再歧视她，让她在学习与生活上能够与同学们互相帮助。有一次小丁生日，同学们事先买了生日蛋糕，在下午第八节课时给她举行生日庆祝活动，这让小丁感受到了人世间的温暖。

通过吴老师的精心辅导，小丁变成了一个正常快乐的女生，其组长工作也很有成效，几乎每周都能获优胜小组，还常带本组同学在校内外学雷锋做好事，除此之外，她本人的成绩也从中等生跃进了尖子生的行列。

从上面的案例中我们可以清楚地看到小丁的自卑心理成因主要有两点：一是高烧掉了头发，二是部分同学的嘲笑伤害。正是因为这两点原因，严重地伤害了小丁的自尊心，使她形成了自卑的心理。班主任吴老师知道小丁的困难后就想办法帮助她，通过与她进行个别交谈、督促她写周记、让她参加集体生活以及进行集体辅导等方式让她重新获得生活的信心，并让与同学之间形成互助、互尊与互爱的关系。

我们常说尊重别人就是尊重自己，不尊重他人的

人也得不到他人的尊重。人都有自尊心，保护自己的自尊心不受伤害是人的本能，我们应该尊重别人，维护别人的自尊心。一个优秀的班主任，要善于保护学生脆弱的心灵不受到伤害，加强学生之间的团结合作，让他们学会尊重同学，维护别人的自尊心。

信心是人的征服者；它战胜了人，又存在于人的心中。

——马·法·塔伯

全班最自卑的人

王红红是市某高中的学生。一次，她找班主任于老师谈话，说的第一句话就是“我感到自己是全班最自卑的人。”于老师细细地咀嚼着她这句话的意思，等待她做出进一步的解释。“真的，我不知道怎样才能讲得清我此刻的心情。”王红红接着对于老师说：“我长得不好看，很自卑。在班上，大家都用一种轻视的眼光看我，当我语文作文写得好，受到老师表扬并让我在班上宣读时，下面就有人窃窃私语地说些难听的话，‘这个作文是她写的吗？’‘我看是别人帮写的吧？’当我拾金不昧，做了好事不留名，后来失者通过其他渠道将感谢信送到学校，我受到学校表彰，上台领奖时，下面却有人说道，‘她怎么也能上台领奖，为什么这样的好事都给她遇上了。’我听了心理很不好受，难道我就

不能与别人一样生活吗？我就低人一等吗？”说着，王红红忍不住流出了泪水，她用手捂着脸，鼻子一抽一抽的。于老师连忙给她递上纸巾，轻声说道：“别着急，慢慢讲。”她仍饮泣不止，双眉紧锁。

于老师看着王红红痛苦的样子，意识到自己平时对她的注意和关心太少了，导致她与班集体脱离自己也不知道，作为班主任，于老师向她承认了错误，并请求她的原谅。王红红原谅了于老师，并主动请求于老师的帮助。

通过王红红的倾诉，于老师认为王红红的问题主要是由于自卑心理造成的，于是就运用自己所学的心理学知识来处理问题。针对王红红的心态，于老师为王红红制定了三个辅导策略。

1. 帮助王红红宣泄出她的不良情绪，调整她的心态，使她能够积极地面对新生活的挑战。

王红红已经陷入了自卑的沼泽中，认定自己是全班最自卑的人，这表明，她过于扩大了自己痛苦的程度，看不到自己在新的环境中的生存价值。因此，于老师首先要做的事情就是促使她宣泄出内心的痛苦，并对此尽量表现出同情与理解。“王红红，你现在活得真是很辛苦，我非常理解你此刻的心情，我想如果我面临你现在的处境，我也会感觉很不好受的。”这是于老师常用的一句话，也是她的由衷之言。听了这句话，王红红紧锁的眉头在渐渐地舒展开了，同时于老师还肯定了她主动找老师谈话的举动。“当一名学生面临如此巨大的精神压力时，他需要得到老师的帮助，从而更快、更有效地摆脱精神压抑，重新振作起来……”

于老师讲了几个实例给她听，使她产生“原来许多人也同我一样”的感觉，这对王红红不良情绪的宣泄十分重要，它使王红红意识到，在社会上还有许多人也像她一样感到自卑、压抑。所以，她无需过于看重个人的精神痛苦。于老师在她面前体现出的亲切感和平易感，使她在不知不觉中重新建立了自信心。

2. 于老师竭力引导王红红把比较的视野从别人身上转向自己，这是使她重建信心的关键。王红红的自卑是在与同学对比中形成的，她感到自己好像是天鹅群中的一只丑小鸭，相貌平庸，别人瞧不起。于老师告诉她要学会正确评价自己，当我们只想着与别人比较时，我们永远会感到自卑，不如人；而当我们想着与自己比较时，我们才会感到自信，此时此刻，需要学会与自己相比来维持自己的干劲。还要让王红红明白相貌并不代表一切，心灵美才是最重要的。她能够认真学习、保持品德优良是别人所不能比的。不管别人怎么说，要学会向自我挑战，向自卑挑战。

3. 于老师通过和她的父母沟通，让家长给予她更多的关爱，用火热的心去融化她内心的坚冰。于老师到她家进行家访，把事情跟她父母反映，争取她家长的支持，希望她的父母能给予她更多的关爱，于老师用实际行动关心她的生活，令她的父母也为之感动，表示要好好地关心爱护她，帮助她克服自卑感，重振自信心。

经过一段时间的努力，王红红从自卑的漩涡中走了出来，重新拥抱自信的阳光。于老师感到无比的欣慰。

案例分析

通过上面的案例，我们可以看到王红红的自卑心理完全是因为自己的相貌引起的。其实只要我们仔细的观察一下就会发现，王红红在人性中有许多闪光点，例如，拾金不昧、文笔出色等等。但是一个具有自卑心理的人只会看到自己的缺点，根本看不到自己的优点。

班主任的任务之一就是帮助自己的学生找到人生的亮点，帮助他们树立信心。学生的心灵是最脆弱的，对于他们来说，哪怕是别人不经意的一句话都会伤害到他们。所以，要注意对学生的心理辅导，随时帮助他们树立自信心。

与人交谈一次，往往比多年闭门劳作更能启发心智。思想必定是在与人交往中产生的，而在孤独中进行加工和表达。

——列夫·托尔斯泰

他提高了自信心

张威是七年级的学生，家庭经济条件比较好，父母比较要强，对孩子要求比较高。但是张威的父亲脾气较差，达不到要求就会打骂。张威聪明、努力、学习成绩好，酷爱画画，而且极有美术天分，作品曾在学校艺术节获奖。张威的父母为培养孩子，特意请家教教他学美术。

张威虽然聪明、要强，学习成绩好，但性情怪异，很难与同学相处。他怪异的性情表现在：

1. 卫生习惯差，手上、脸上总是有污秽，形象较猥琐；

2. 自信心严重缺乏，不喜爱参加集体活动，遇事总是采取逃避的态度；

3. 人际关系紧张，总是和周围同学闹矛盾，总以弱者形象出现，稍有不顺，就哭鼻子，班干部无法管理，说的严重了，不论场合，便双膝跪地，向人求饶；

4. 组织纪律差，上课时有话就说，没有举手的习惯。

由于张威的性情怪异，所以班主任主动找他谈话，并对他进行家访。谈话和家访后，班主任大概了解了问题产生的原因，分析如下：

1. 从张威父母处了解到，他从小一个人跟爷爷（年纪已经很大）在老家生活，缺少家庭温暖，渐渐形成了怪僻性格，不愿与他人交流；

2. 父母工作忙，对张威的照顾较少，父亲对他要求较高，但教育方法简单粗暴，若做得不够好，轻则骂，重则打；

3. 上学以后，老师对他行为引导不够，以至于与同学关系紧张，学习习惯不好。

针对问题产生的原因，班主任为张威制定了解决措施：

1. 给予孩子更多的关怀和爱护。班主任要主动和他亲近，和他做朋友，“亲其师，信其道”。经常在课间找他谈话，谈学习、谈家庭、谈画画。

2. 努力改变家长的教育方法。班主任在了解该生的情况后，与孩子的父母分别进行多次交谈，交换看法。让其父母改变粗暴的教育方法，对孩子的要求不要太高，并花精力培养孩子特长。

3. 让学生体验集体的温暖。班主任在动员孩子积极参加集体活动，让其父母配合教育。让他在集体活动中接受教育，感受集体温暖；

4. 鼓励学生发展特长，培养自信，提高威信。班主任在家访时，要提醒张威的父母，给他请老师辅导绘画。

通过以上几方面的努力，张威已经有了很大的进步，与同学关系明显改善，行为习惯不再怪异，上课能积极发言，但举手现象不够。自信心有大大提高，绘画水平也明显提高，其画被推荐参加全国青少年书画大赛，获三等奖。同时他也能接受老师和同学的劝告，努力争取有更大进步。

张威在班主任的细心帮助下，自信心大增，学习也很努力，如今已是班里的宣传委员，在班里组织的多次活动中，都积极参加，并取得好成绩。

案例分析

个人的性格特点、意志品质对产生自卑心理有极大的影响。其影响有三方面的表现：

1. 意志品质表现为自觉性、果断性和自制力的学生在其上进心、自尊心受到压抑时，不是变得自卑，而是激起更强烈的自尊，及时调整自己的行动，以更大的干劲冲破压抑，努力拼出一条成功之路来。

2. 性格内向者表现为对事物的感受性强，对事物带来的消极后果有放大趋向，而且不容易将其消极体验及时宣泄和排解。因而外界因素对他们心理的影响往往要比对其他气质、性格类型者的影响大，产生自卑的可能性也相应增大。

3. 有自卑心理的学生表现为在经过一番努力后尚无效果，便会泄气，认为自己不行，于是变得自卑起来。

通过全面、客观的认识，辩证地看待别人和自己。自尊者往往有很强的自尊心和抱负，自我评价高。当在学习生活中，由于自己方法不当或缺乏处世能力而陷入困境时，自尊心受到损害、优越感严重失落，于是从一自尊自信者走向另一个极端，变成一个完全失去自信的人。

张威是一个自卑的人，他不爱参加集体活动，遇事就逃避，总和同学闹矛盾。因此，他才会产生心理问题。作为张威的班主任，能够及时地发现问题，并找出问题产生的原因，从根源上解决问题，最终成功地使张威摆脱自卑心理。

对于有自卑心理的学生，班主任要挖掘他们的优点，让他们认识到自己也有比其他人强的地方，引导他们战胜自卑心理，增强他们的自信心。

自信是一种感觉，有了这种感觉，人们才能怀着坚定的信念和希望，开始伟大而光荣的事业。

——西塞罗

她有胆量当众演唱了

小冉是某高中高二的学生。学习成绩不错，是班里的佼佼者，但性格比较内向，胆小、不善言谈、不懂得如何与同学交往。据了解，小冉很喜欢唱歌，对音乐的“悟”性特别好，善于模仿歌唱家彭丽媛的演唱风格，同学们称她为“小彭丽媛”。但由于刚进校时，第一次参加全校专业技能比赛声乐演唱发挥失常被淘汰，导致后来不管是上台表演还是考试她都表现出对现场的胆怯与恐惧，使她的水平大打折扣，得不到正常发挥，跟平时判若云泥。

小冉虽然模仿能力比较强，歌唱得也挺有“味道”，但也只是平时个人唱唱而已，以往从未当着这么多老师和同学的面正正规规地演唱过，再加上本身就胆小，因此第一次当众参加演唱竞赛时，当她看到台下上百双眼睛在“盯”着自己，生怕万一唱不好丢了脸，同学会笑话，就心慌、紧张起来。于是，出现了心跳过快、手心出汗、双脚打颤、气息上浮和口干舌燥等现象。发声状态给打乱了，找不到气息的支力点，高音唱不上，低音也下不来，节奏跟不上，大脑一片空白，一时间什么都记不住了，致使演唱无法正常进行。由于第一次唱“砸”了，对她的打击很大，导致她自信心受到挫伤，认为自己没出息，什么都干不好。所以，后来再进行表演，她都很害怕又会像“第一次”那样出丑，脸上没面子，满脑子私心杂念，顾虑重重，对自己失去了信心。

为了帮助小冉树立信心，让她充满自信的登台演唱，小冉的班主任为她制定了辅导方案，其具体辅导方法如下：

1. 安排她担任科代表，每天早晨组织全班同学进行声乐演唱练习，锻炼她在众人面前敢说敢唱的胆量。

2. 个别交谈。通过谈话鼓励她克服胆怯心理，增强必胜信心，让她从失败中吸取教训，总结经验。

3. 帮助她克服一些技术上的困难，提高演唱水平，平时训练要求严格，课后进行个别指导，督促她合理安排练习时间。

4. 创造条件让她多参加艺术实践锻炼，从中不断改善自身的心理状态。班级的活动和学校的各种演出都尽量安排她参加，让她习惯于在各种环境，各种场合中演唱。

5. 每次演唱之前，班主任都在她身边安抚她、告诫她，让她不要心急，要充满信心，并教她如何调节好自身的各种发声器官。

经辅导，小冉认识到因为自己信心的缺乏和心理状态的失调，导致出现各种心理反常现象。小冉在端正自己的认识后，心理状态有所改善，对自己又充满了信心。后来参加每年一次的全校声乐演唱技能大赛，获得了好名次。

案例分析

中国有句古话说：“一朝被蛇咬，十年怕井绳。”我们都知道，井绳并不可怕，可怕的是被蛇咬。正是因为以前被蛇咬过，留下了阴影，因此到现在连井绳都怕。在上面的案例中，小冉正是因为一次的演唱失败造成以后怯场的状况。在学校里，有很多的学生都存在考试怯场的现象。他们考试前总是忧心忡忡，焦躁不安，考试时连自己平常在嘴边上的知识都能忘得干干净净。

面对这样怯场的学生，班主任可以通过加大练习的方法来帮助他们克服这种“草木皆兵”的心理。例如通过多次的模拟考试来锻炼他们的考试能力。另外，要让学生清楚的认识失败，让他们知道考场失利也是非常重要的，失利了才知道自己哪里不行，哪些方面需要提高。

教育——这首先是关心备至地、深思熟虑地、小心翼翼地去触及年轻的心灵。

——苏霍姆林斯基

缺乏自信的小明

小明是初一的学生，父母离异，归父亲抚养，但因其父经济条件差，生活在贫困山区等原因，现寄养在伯父家。小明的伯父虽将他收留，但其伯母和堂姐持反对意见。父母与他极少联系，当人问他："春节有没有见到爸爸妈妈？"他说："没有。"问他："是不是很久没见了？"他说："不是。"问他："那多久前见过呢？"他说："一年多以前。"问他："那你想不想念他们？"他说："不想。"可见他极度缺乏父母的关爱，与父母感情淡漠。从小学到现在学习成绩一直都很差，小学老师基本上把他当成"编外生"，对他已不抱有提高成绩的希望。同班同学认为他脏，行为怪异，称其为"白痴"、"垃圾虫"。同学极少与他交往，而且普遍讨厌他，仅有个别其他班的朋友。有一次，他学习上遇到难题向老师请教，有些同学甚至当着他的面说：“老师，你不用白费心机了，怎么教也是白教的，他是‘白痴’。”在班遇到困难或受到其他同学欺负时，小明经常哭。

简单地说，小明是一个缺乏自尊心，自信心和不注意讲卫生的学生。既然知道了病因，我们就可以“抓药”了。帮助他树立自尊心和自信心，让他成为一个讲文明、讲卫生的人。可能开始比较困难，但需要对他持之以恒的关心。对于小明的每一点进步，都要给予鼓励，尽量不用批评的口吻说话，培养他的自尊心和自信心。发动同学接近他、容纳他，让他体味到班集体的温暖，同时劝导他要多与其他同学交流，打开他闭塞的心扉。好的卫生能带来好的心情，一个讲卫生的人心态必然是积极的、绿色的，尤其是对于像小明这样的孩子来说，讲究卫生就变得更加重要。

与此同时，他的班主任还对小明进行家访，与他的伯父沟通，让他多关心小明，并让小明的父亲来看他。针对小明的卫生问题，他的班主任还亲自帮助他，并教他怎样处理个人卫生问题。通过班主任的帮助，小明已逐渐被同学们接受，学习成绩也有了显著的提高。

案例分析

通过上面的案例，我们可以进行如下分析：他伯父收留他是基于道义，其实在感情上并不喜欢他。因此，他是极度缺乏家庭温暖和家庭教育的。由于在家缺乏学习上的监督，学习时间没保障，作业经常不完成，这是他学习成绩很差的主要原因。他的个人卫生是很差的，往往几天不洗澡，衣服很脏，是导致同学不喜欢他，甚至讨厌他的原因。由于学习成绩差，经常拖班上的后腿，老师也不喜欢他。于是成为一个不受大家欢迎的人，造成学习、社交障碍。

作为小明的班主任，对小明应多加关心，时常与他谈心，并鼓励他多与同学接触，改掉不讲卫生的坏习惯。针对他的家庭问题，要及时与他的家长进行沟通，让他的家长为小明创造一个良好的成长环境。

教师是人类灵魂的工程师。教师在社会的发展过程中起着塑造人类灵魂的作用，教师应该成为真正改变学生人生，成为对学生的发展具有指导作用的人，而这所有有意义的一切，都与教师对待学生的那颗热情的、滚烫的心息息相关。

只有满怀自信的人，才能在任何地方都怀有自信沉浸在生活中，并实现自己的意志。

——高尔基

他怕见重点高中的同学

王鹏是市某高中高一的学生，父母是普通工人，他是个养子。初一年级时从朋友处得知自己是被人抱养的，从此便抱怨父母隐瞒自己的身世。虽然养父母对他关爱有加，但他却与养父母疏远关系，他害怕别人嘲笑他是养子，由此性格变得内向。特别是中考仅差几分而上不了重点高中，考重点高中读名牌大学的理想破灭了，他对普高也失去了信心，因此变得沉默寡言，不愿与同学交往，特别害怕看见读重点高中的同学。

王鹏正处于青春期，情绪不稳定，心情复杂而敏感，而其养父母一直隐瞒他的身世，当他知道真相时，便对养父母产生了不信任的心理，与养父母疏远关系。中考失意，使他的心灵又一次受到创伤，产生了自卑心理，对前途失去信心，不愿与人交往，更害怕看见成绩比自己好的读重点高中的同学。

在班级里，王鹏是个听话、爱学习的好学生，当班主任知道他怕见读重点高中同学的时候，就主动找他谈话，在交谈中，班主任发现，他怕见重点高中的同学是因为他有着强烈的自卑心理。因此，班主任根据自己多年的从教经验，为他制定了一套辅导方案，其具体辅导方法如下：

1. 个别谈心。班主任经常与王鹏谈心，增加他对班主任的信任感。全面了解王鹏的心理状况，对症下药，给予开导，并时常夸奖其养父母对他的关心，渐渐改变他对养父母的看法。

2. 家长配合。通过家访与其养父母进行思想沟通。建议其养父母以积极的态度对待养子的疑问，让家长、孩子统一认识，即使不是同一血缘，只要心灵相通，也能建立起深厚的感情。

3. 自我接纳。征求其养父母的同意，让王鹏经常去拜访亲生父母，在王鹏生日或节假日的时候，让王鹏的亲生父母、养父母一起与王鹏庆祝，使王鹏感到自己有两对父母比别人更幸福，以消除自卑感。

4. 发挥特长。根据王鹏的爱好特长，让他参加食品雕刻小组，并叫他把自己的作品送给上重点中学的同学，以增强自信心。

5. 阅读指导。推荐阅读学校《普通高中生成功历程录》，使王鹏认识到读普通高中同样有前途，照样可以考上大学，自己和读重点中学的同学是在同一条起跑线上。

由于老师、家长的密切配合，王鹏与养父母的关系亲密如初，学习成绩有所进步，他的雕刻作品《龙凤相争》在校园艺术节中获二等奖。更可喜的是在读重点中学的同学过生日时，他自制生日蛋糕前往庆祝，不再害怕看见读重点中学的同学了。

案例分析

在遇到自认为比自己强的人时，人往往容易产生两种不正常的心理：一是自卑心理，二是忌妒心理。对于见到自认为比自己强的人而产生自卑心理时，班主任要教导学生保持一颗平常心，要对自己充满信心，要让学生知道只要正确的面对那些所谓的“强人”，自己也会不知不觉地成为真正的“强人”。

上述案例中王鹏的自卑心理主要是因为自己的身世和考试失利造成的。作为班主任能够具体问题具体分析，通过个别交谈、与其养父母进行思想沟通、鼓励其发挥个性特长等方法让王鹏重拾自信，让他与养父母重新建立亲密关系，与重点中学的同学建立友好关系，这是作为班主任的成功之处，也值得其他班主任借鉴。

我们对自己抱有的信心，将使别人对我们萌生信心的绿芽。

——佚名

“我原来也有比别人强的时候”

小韦是市某高中高一的学生，品行端正，遵纪守法，但性格较内向，很少参加集体活动，同学关系欠佳。其父母均为国家干部，家境较好。

同其他干部家庭一样，小韦的父母对她寄予极大期望，希望她能读重点高中，考个好大学。她在初中时学习成绩虽然不是十分理想但也非常自信能考上重点高中。结果，中考成绩一公布，她的成绩离重点线仅差三分，无奈之下她报读了一所普通高中。一时的挫折使她对学习和生活失去了信心，从此她就认为自己原来什么都不如别人，自卑感极强，而且拒绝参加所有的集体活动，拒绝与同学交往，入学近半学期都没有在老师和同学面前露过笑容、大声说过一句话，性格变得极为怪癖。父母过高的

期望及中考的失败是造成她自卑心理的主要原因。

小韦的父母知道中考的失败给她的打击很大，但不知道如何让她从失败的阴影中走出来，于是就找到了小韦的班主任姜老师，并请求帮助小韦。姜老师是个具有多年经验的老教师，从教经验丰富，这种学生见过很多，于是根据以往的经验，为其制定了如下辅导方法：

1. 书面交谈。在多次找她当面交谈无效情况下尝试书面交谈，请她同老师说悄悄话，通过书信交谈全面了解其心理障碍及形成原因，鼓励其制订一个大目标并逐一实现若干小目标，老师帮助其找出实现小目标的途径与方法。

2. 家访。通过家访，了解其家庭状况及表现，同家长协商共同帮助其摆脱中考失败的阴影，并要求其家长不再在其学习成绩上施加压力。

3. 参加校、班级活动。鼓励小韦参加校艺术节的服装模特表演赛，她获得了二等奖，从此小韦有了自信心。

4. 写周记。要求小韦每周写一篇题为“我是谁，我能做什么”的周记。虽然题目一样，但小韦每篇周记内容都不一样，逐步加深了小韦的自我认识。

5. 参加社会活动。鼓励小韦参加校礼仪队，多参与社会活动，与同学、社会多接触。

第一次参加校艺术节服装模特表演赛就获得二等奖的小韦，在获奖后由衷地说了一句话：“我原来也有比别人强的时候。”从此，她变得自信起来，积极参加学校的各类活动，姜老师帮助她找到了其长处:擅长文艺表演。高一年级以后她性格变得开朗了,还喜欢结交朋友,除了发挥特长之外,小韦开始把兴趣转移到学习上,并为自己订立考名牌大学的远大目标。

案例分析

对于学生来说,考试应该说是一件非常平常的事。有成功,也有失败。成功了风光这边独好,一旦失败,无论对好学生,还是对差学生来说,心理上将会受到不同程度的伤害。但是无论成功与失败,都要认清考试的真正意义:

1. 考试就像人生,在一次次的突围中品尝着酸甜苦辣;

2. 考试带给我们的将是不断挑战自我和超越自我的痛苦和快乐;

3. 考试的成功与失败,只是一种感觉,在更多的时候它无须旁人认可,更无须别人裁判。关键是我们自己要学会调整,永葆自信,这样我们才有克服困难的勇气,对生活充满敬意和热爱;

4. 在人生中,不要把成功的尺度定得太高,也不要把成功看得过于神圣。否则,我们就会对人生失去一份应有的信心,而面对困难,我们会望而却步。

在上面的案例中,我们可以看到小韦在心理上把中考看成了决定人生命运的考试,因此当她得知中考成绩不理想时便变得消极自卑。作为班主任,要让自己的学生有一个良好的学习心态，能够充满自信的学习，让学生知道人的一生中可能要经历无数的失败之后才能走进成功的殿堂，每一次失败都能是让自己离成功更近一步。

考试失败并不可怕，可怕的是失去了一颗积极进取的心。进取心是人走上人生巅峰的桥梁，没有进取心的人是不可能走向成功的。美国西点军校校长、五星级上将麦克阿瑟将军曾说“只有不怕死的人才配活着”，它从一个侧面说明了人生的真谛：人要不断地奋斗，不断地进取。在通往成功的路途中，可怕的不是某一次失败，可怕的是没有了进取心。

第六编

学生情绪问题心理辅导

对于嫉妒心强的学生，班主任工作的重点是把他们的优点找出来，加以强化，让他们发现自己原来也是一块发光的金子，并不比别人差多少。班主任还可以把学生的嫉妒心理转化为竞争心理，让他们把“我不行，你也别想行”变成“你行，我也行”。

教师之为教，不在全盘授予，而在相机诱导。

——叶圣陶

脸上很少见笑容的男孩

孟翔是某中学初一年级的学生。个子高大、身体结实，正处于爱说爱笑的年龄，脸上却从来没有笑容，一双忧郁的眼睛常常茫然地望着地面，从不主动和别人搭话。鉴于他在小学曾做过班干部，班主任便委派他担任班级劳动委员，可是在大扫除时，他却总是一个人默默地打扫卫生，身边喧闹的同学似乎与他完全无关，因此，老师就把他的学习委员职务撤销。小学成绩优秀的他，现在在课堂上却总是沉闷无语，不是低垂双眼，就是双手揪着头发沉重地伏在课桌上，甚至课后的作业也交不上，成绩逐渐下滑。他所在班级的男生都酷爱篮球运动，几乎人人都参加过市体校篮球班的训练，可身材条件极好的他却从不参与。遇到集体外出的活动，他也总是交来家长签字的请假条而拒绝参加。

据了解，孟翔的父母皆从事石油勘探工作，常年在野外作业，孩子与父母关系十分生疏。孟翔是在奶奶的呵护下长大的，祖孙俩感情深厚。他性格善良温和，刚上小学时也是个积极、活泼的孩子。可是在他八岁那年这孩子却遭受了成人都无法承受的刺激：亲眼目睹了奶奶被窃贼刺杀倒在血泊中的惨状。此后，这个八岁的男孩持续了两个月的低烧，他常常在半夜里惊醒，甚至整夜的失眠。突如其来的刺激所带来的创痛不是一个八岁的孩子所能承受的，对不可预知的暴力侵袭与死亡的恐惧也不是一个八岁孩子能与之抗争的。他终日被这无法宣泄的创痛与无法驱散的恐惧折磨着，活泼的孩子变得寡言少语，精神萎靡不振，不知情由的老师对他严厉地批评，同学们向他投来不理解的目光，使他失去了向别人倾诉的勇气，失去了对外人的信任。唯一可以依靠的父母，又因亲子关系的生疏以及常年在外工作而忽略了孩子心理上的变化。

由于没有得到及时而恰当的心理调适，孟翔的心理在八岁时就开始出现了自闭的征兆。升入初中后，周围熟悉的环境发生了一定的变化。同班的同学都是家庭条件较好，而且备受父母宠爱的十一二岁的孩子。他们自我意识很强，好表现也很自尊，心里想得更多的是自己，不懂得考虑他人的感受，更没有学会如何去关爱他人。在这样一群同龄人中，孟翔的孤独感更强烈了，心里更加觉得这世界的不公，他完全拒绝与任何人沟通。

孟翔的班主任并没有因为他学习成绩不好而不管他，相反，他的班主任为他制定了相应的辅导方案，以帮助他能尽快走出过去的阴影，重新树立自信心。其具体辅导方法如下：

1. 了解原因。与孟翔的家长、小学老师和同学进行交谈，从而了解孟翔的心理状况、问题行为产生的主客观原因。

2. 与孟翔个别会谈，使他自己找回积极的生活态度。班主任常常与他谈快乐的童年，谈他和奶奶一起度过的日子，让美好的回忆驱走脑海中那段恐怖的经历。更多的时候谈的是对未来的设想，并与他一同制定计划以改善目前的情况，令他对生活充满期待。

3. 为他提供融入集体的切入口。安排一个家庭条件好但性格温和、从不爱炫耀、积极上进、乐于助人又细致的女孩与他同坐。在安排座位之前，班主任和这个女孩做一次长谈，把孟翔的遭遇都告诉她，要她带动其他同学更多、更主动地接近他，让他发现周围的同学并不像他原来所看到的那样自私和骄傲，从而排除他的孤独感，消除他在集体中的失落感。这也是对“异性效应”的一次善加利用，在这个过程中，老师随时注意帮助他们把握好男女同学交往的度，以免弄巧成拙。

4. 创造机会，把握契机帮助他重塑自信。让他再任劳动委员。初上任时，手把手地教他如何有条理的安排班级劳动，如何在工作中赢得威信，如何恰当处理工作中遇到的问题，适时对他的表现给予肯定。和科任老师沟通，请老师给予孟翔特别但并不过分的关注，课堂上尽量多创造机会让他参与。帮助他策划两台主题班会，让他亲自组织，学会如何主动争取与同学的配合，让他明白与人合作的重要性，使他与同学的友谊得到进一步发展。

5. 充分发挥家长的作用。通过家访、电话联系及家长到校面谈等多种方式，以了解孟翔家庭情况及他在家的表现，并与其家长沟通，让他们明白常与孩子沟通的重要性，与他们共同商讨解决办法。

由于老师、家长和同学的密切配合，孟翔自闭现象明显改变，和父母、同学的关系都大有改观，能积极的参加集体活动，与几个同学一起组织成立了学习小组，学习成绩有了较大的进步，他还参加班级的篮球队，甚至成为主力人员。孟翔已经从一个孤独自闭的孩子恢复为一个心理健康的学生了。

案例分析

情绪障碍是心理障碍的一种，它表现为目光呆板、消极厌世、情绪低落、内心封闭，经常保持一种“灰色”心情。孟翔由于亲眼目睹了奶奶倒在血泊里的一幕，再加上与父母关系的疏远，老师和同学的不谅解，使孟翔形成了情绪障碍。是孟翔的班主任帮助他重新树立了信心，让他摆脱了情绪障碍，成为一个心理健康的学生。

对于有情绪障碍的人来说一切事物都觉得索然无味，对什么事物都没有兴趣。因此，克服情绪障碍最重要的方法就是帮助患者尽快地树立起对生活的信心，让他们保持一种积极健康的心态,使“灰色”心情变为“绿色”心情。

对于那些心理曾经受过伤害的学生,他们的心灵最脆弱,一旦周围的人对他冷漠,老师对他很少关心时,他们就会产生抑郁心理,对生活失去信心。因此,班主任要多关心学生的心理健康,让学生在良好的心理状态下健康成长。

平等的对待每一位同学，尊重每一位同学

——林文红

她心灵的天空阴转晴了

王琳是某高中高一年级的学生,来自市郊区农村,学习成绩良好,但性格内向。王琳刚入校时经常在宿舍和教室里随地吐痰,引起了同学的反感。起初同学们好言相劝,她却不以为然地说:“习惯了,不好改。”后来遭到大家的指责,她便认为别人看不起她、歧视她。从此她很少说话,郁郁寡欢,进而无心学习,成绩一再下降。对集体活动和周围的一切均无兴趣,发展至同学主动叫她,她也不搭理,常在宿舍里独自流泪。

在一次周记中她写道:“我喜欢一个人待着,虽然觉得这样很无聊,但和同学们在一起时又感到很难受,似乎人人都抬起蔑视的脸孔在嘲笑着我。每当看到同学们无忧无虑地谈笑时,我就有一种说不出的滋味,是嫉妒,还是羡慕,我也说不清。反正我的眼前总是一片灰暗，世界上只有我一个人是孤立无援的。我该怎么办呢？老师，帮帮我吧！”

王琳生长在农村，农村的卫生标准和规范无应有的制约性，这样的文化背景使得她在少儿期就缺乏养成良好卫生习惯的环境。来到城市后，她没有意识到随着环境的改变，每个人的生活方式和思维方法也要做出相应的调整，否则将不能适应新的环境。在农村随地吐痰也许不为过，而到了城市则是不容许的。由于王琳没有及时调整自己的心态，面对新的环境出现了心理上的不平衡。

王琳不良的卫生习惯受到同学们的指责后没有正确对待，认为是别人看不起她、歧视她，因而把她自己封闭起来，导致冷漠孤独、敏感多疑。她不愿参加集体活动，唯恐自己在活动中又做错了事而被别人笑话和瞧不起，惹人讨厌。后来发展至对任何人都不信任，怀有很深的戒备心理，因而隔绝了人际交往，在自我闭锁的消沉中失去生活和学习的信心。

王琳的家庭条件和自身的知识方面不如城市的同学，本来就有自卑感，加上同学们对她不良卫生习惯的不理解，她又过分在意别人的评价，导致她自惭形秽而产生了悲观失望的心理。面对这仿佛不可逾越的困难，进而怀疑自己各方面的能力和水平，紧张抑郁，认为自己已被所有的人遗弃，继而产生了更严重的自卑心理。如此恶性循环使得她常常陷于自责自卑与灰心丧气之中而不能自拔。当王琳的班主任看到她的周记后，意识到王琳存在极严重的自卑心理，于是就为她想办法，帮助她摆脱现有的困境。班主任为她制定了如下辅导方案：

1. 引导王琳了解环境，接受环境，顺应环境。常与王琳个别面谈，让她反复体会“人生不如意十之八九”这句俗语，指出她的内心冲突以及彷徨、失望、忧虑、怀疑、悲伤和绝望等负面情绪体验均是由于不能适应新的环境而引起的，属正常现象，不必紧张。耐心引导她观察从农村到城市自己所处的环境有了哪些变化，这些变化都有什么特点，自己需要改变哪些习惯，如何调整心态才能接受和顺应新的环境。

2. 引导王琳正视自己，面对现实，重新评价自我。要求王琳坚持写日记，把自己的言行与他人的言行作比较，然后进行评价、总结，逐步提高自我观察、自我认识、自我分析和自我评价的能力。对变化了的“我”和新环境中的“我”有客观的估量，既要承认由于生活环境的限制造成与同学之间的差距，又应看到很多差距是可以通过学习来弥补的。面对学习成绩的相对下降和在班上的地位不如初中时等情况，要冷静地分析各种原因，并想出解决办法。如果通过个人努力可以迎头赶上，那就树立信心，加倍努力；如果能力不及就不要过分苛求自己，及时把目标调整在自己的能力和条件所及的范围之内，在了解自己、正视现实的基础上，尽快完成对自我的恰当确认，从而接纳自我。

3. 创设宽松和谐的班集体。良好的班风、团结的集体与和谐的氛围会使人感到轻松自如、心情舒畅，而和谐的班集体需要每个同学的共同参与。要求班上同学宽容王琳，理解王琳的不良卫生习惯在很大程度上是由客观原因造成的，要改变这习惯需要一个过程。让同学们主动增加与王琳交往的频率，并在集体活动中为王琳提供各种能表现自我价值的机会，让她感受到成功的喜悦。在真诚相处、相互理解和彼此尊重的气氛中，王琳的思维由僵化变为灵活，情绪由抑郁趋于开朗，行为由消极转向积极，各方面的兴趣和爱好也逐渐增加，逐步发挥了自己的潜能。

4. 挖掘王琳的闪光点，增强她自我激励的能力。王琳热爱劳动，能吃苦耐劳，责任心强，为了充分发挥她的优势，选她当劳动委员。由于“角色心理”的作用，王琳与同学之间的关系融洽了，从自我封闭的消沉中解脱出来，对周围的人和事能主动关心了。在完成本职工作的同时，在欣赏自身价值的过程中，她的组织能力、自我激励能力均有所提高。

通过班主任的辅导、同学们的配合以及王琳自身的努力，经过一个学期，王琳的不良习惯彻底改掉了。她不再随地吐痰，并能经常主动打扫宿舍和教室，深受同学们的欢迎，她脸上有了笑容，说话也无拘无束了。由于劳动委员的工作干得出色，她被评为校优秀学生干部。此外，她坚持写日记，练得一手好字与好文笔，在校作文竞赛和书法比赛中均获一等奖。各科成绩也有了明显的提高。王琳的眼前不再是一片灰暗，她心灵的天空由转晴了，常感觉自己漫步在湛蓝湛蓝的艳阳天，生活在希望之中。

案例分析

在上面的案例中，我们可以看到王琳因为随地吐痰的习惯遭到同学们的指责，进而引起了情绪问题，形成了心理障碍。讲究卫生、热爱劳动是一个人优秀的美德。在一个集体环境中，我们更要靠大家的自觉性来共同维护公共环境的卫生。可以肯定地讲，王琳在集体环境中随地吐痰是不对的，同学的劝导也没有什么不妥的地方。但是由于王琳固有的自卑心理让她认为同学们是在嘲笑她、看不起她，于是在本来具有的自卑心理上雪上加霜，形成了情绪障碍。

作为班主任应该明白，一个具有自卑心理和情绪障碍双重心理问题的学生，最根本的解决办法就是与他多沟通，让他保持一种快乐的心情，树立积极的人生价值观念，以强烈的上进心来面对所有的困难，这是对所有具有心理障碍的人通用的法则。同时，班主任还可以通过励志书籍、班集体活动以及快乐的气氛等来感染他们，激发他们潜在的进取心，让他们充满活力，绽放出生命的光彩。

心灵有时应该得到消遣，这样才能更好地回到思想与其本身。

——费德鲁斯

她摆脱了嫉妒心理

小慧是某中学高一的学生。是学校篮球队的主力，喜爱打扮，学习成绩差，但嫉妒心却很重。她的同桌张宁品学兼优，是个顶呱呱的好学生。每次张宁考试得第一名时，小慧就在背后议论张宁是事先知道了题目，不然就是碰巧的。小慧经常把张宁的笔记本藏起来，让张宁不能上好课。只要张宁积极主动为班上做好事，得到老师夸奖，小慧心里就更加不舒服，说张宁爱出风头，爱表现自己。班上如有同学穿着比小慧漂亮，她便不高兴，暗中嫉妒，背后说别人的坏话。久而久之，小慧的嫉妒心越来越强，凡是别人有比她强的地方，她便心生怨恨，怒火中烧，不仅背后议论人，还恼得晚上失眠。为此，她感到异常痛苦。

小慧的这种嫉妒心理是一种恶劣的感情。莎士比亚曾把这

种恶劣的感情称为“绿眼妖魔”，谁做了它的俘虏，谁就要受到愚弄。产生嫉妒心理的小慧对别人比她好的地方总感到不满，进而贬低和诋毁，更为严重的是不择手段去伤害同学。小慧为何有嫉妒之心？一是缺乏自知之明，只见自己所长，不见自己所短，自高自大，目中无人；二是好胜心太强，处处都想取胜，事事都想占上风；三是心胸狭窄，缺乏修养，形成“我行，你就别想行”“我不行，你也别想行”“你行，我偏叫你不行”的错误观念。

小慧为自己嫉妒心过强而感到痛苦，但是却控制不了自己。于是她就找班主任温老师帮忙，让温老师帮她摆脱嫉妒心理，温老师为她制定了辅导方案，要求她积极配合。其具体辅导方法如下：

1. 案例教育。古往今来，因嫉妒而害人的例子屡见不鲜：大将孙膑才能卓越，却被嫉妒的庞涓剜去了双膝；法国科幻小说家凡尔纳就因为遭到30名法国科学院院士的嫉妒，至死未能跨入科学院的大门；被评为大连市特级劳模的售货员董明当上了特等劳模之后，被嫉妒者指责为“风流劳模”、“流里流气”、“有意抬高身价”等等；童话中嫉恨交加的后母想用毒苹果置白雪公主于死地，让她自己成为世界上最美的女人，结果死的不是白雪公主，而是她自己；《三国演义》中的周瑜在“既生瑜，何生亮”的叹息中气绝身亡等等。通过这些大量的实例来开导小慧，让她认识到嫉妒的危害性，认识到嫉妒之火能毁灭别人，也会断送自己。

2. 找出小慧身上的闪光点。小慧虽然学习成绩差，但她是篮球队的主力、得分能手,打篮球是她的优势,让她发挥这一优势,让她看到自己也有强于别人的地方,那么小慧就能找到自己的心理位置,得到生活的乐趣。

3. 化嫉妒心理为竞争意识。每当小慧出现嫉妒他人的苗头时,开导小慧多问几个为什么,比如“我为什么这样想?”“这样想会产生什么后果?”等等。再启发她自己不断激励自己:“你行,我也行!”“你行,我比你更行!”经过长期耐心的引导,使她消极的嫉妒心理转化为积极的竞争意识,产生自爱、自强、自奋的精神。

4. 有益的活动。指导小慧参加一些有益的活动。如:读书活动,让小慧阅读有关书刊,加强自身修养;还可以参加班级和社会公益活动,培养小慧成为一个胸怀宽广的人。

通过辅导,小慧的嫉妒心理大大消除了,她再也不犯“绿眼”病了。她能虚心向同学们请教,学习也有了进步;能与同学友好相处;思想上能达到“见贤思齐,见不贤内心自省”的境界。

具有忌妒心理的人往往忽略了自己的闪光点,只看到别人比自己强的一面,看不到自己比别人强的一面。另外,具有忌妒心理的人并不是处处争强,他们是处处破坏强者,打击强者,具有“自己不行,也不让别人行”的心态。

对于嫉妒心理强的学生,班主任工作的重点是把他们的优点找出来,加以强化,让他们发现自己原来也是一块发光的金子，并不比别人差多少。班主任还可以把学生的嫉妒心理转化为竞争心理，让他们把“我不行，你也别想行”变成“你行，我也行”。

习惯真是一种顽强而巨大的力量，它可以主宰人的一生，因此，人从幼年起就应该通过教育培养一种良好的习惯。

——培根

忧郁的背后

乐乐是某学校高二年级的女生,学习成绩优秀,但在高二下学期,同学们都加足马力投入学习的时候,她却精神恍惚,无法集中精神进行学习,人群中总是心事重重,独来独往,一声不吭,学习也开始走下坡路。有谁能够了解她的心事呢?除了一两位好友感受到了她的变化外,其他同学都因为她的忧郁和缄默渐渐与她疏远。

乐乐学习成绩直线下降引起了班主任许老师的注意,许老师认为乐乐是个很有潜力考上重点大学的好学生,怎么会突然间学习成绩下降,一定有什么原因。为了弄清真相,许老师找乐乐进行了谈话,还对她进行家访,通过谈话与家访大致了解了乐乐的学习和家庭情况,具体如下:

1. 学习情况：乐乐曾就读于 X 市的一所重点中学，成绩优秀，于高一年级下学期与母亲一同转来 Y 市生活，在以前的中学曾有许多好朋友，但到了新的学校，除了能与同桌说些心里话外，基本上还没有特别交心的朋友。

2. 家庭情况：父母感情出现危机。在 X 市时，父亲与一位阿姨的亲密交往被乐乐看到，使得父亲在她心目中的高大形象一下子坍塌了，她把事情告诉了妈妈，从那以后，父母之间的争吵不断，乐乐因此不断自责，认为不该把这事告诉母亲。与母亲一同来到 Y 市后又发现母亲与一位叔叔交往密切，从此父母的离婚问题就提到日程上来。乐乐自此认为人世间没有可信的东西，自己夹在中间备受折磨。最后她的父母离了婚。

家庭环境变迁，父母关系的恶化，使她无法接受这种现实，父母的欺骗使她不愿再轻信任何人，美丽的梦想被打得粉碎，陌生的人际环境又使她独自承受这种苦闷，认识上的冲突使得她的情绪日渐消沉和低落。这是许老师对乐乐出现学习成绩下降原因的总结，并把这种情况定为生活上的挫折引起的不良情绪反应。知道原因后许老师开始对症下药了，许老师为她制定了具体的辅导方案。其具体方法如下：

1. 鼓励乐乐积极的宣泄心中的不良情绪，对她的不良情绪表示关注，从关心体贴中使其建立信任感，鼓励其倾诉心事并宣泄不良情绪，并为她创造一个充满温暖与信任的生活气氛。

2. 让乐乐认识到虽然她的处境让人同情，但是她的这种逃避现实，自怜自艾，不敢面对困难的做法是不可取的。她的烦恼和情绪困扰来自对人或事的绝对化的期望和要求，应该让她明白父母有选择生活的权力，应尊重他们的真实情感，而不应为此加深自身的烦恼，从而自暴自弃。用举例子的方式让乐乐认识到烦恼的产生不是因为父母的离异，而是因为自己对这件事的认识所致，应该学会排除这种刻板印象，做自己情绪的主人。此外，还教会乐乐一些心理调节方法，如倾诉、转移注意力和升华等。

3. 采用行为疗法。乐乐有写作特长，推荐她参加某杂志社征稿，借此机会让乐乐认识到自己的能力与特长，让她树立自己的目标和理想，努力追求个人价值的自我实现。

经过许老师的精心辅导，乐乐逐步摆脱了情绪困扰，不再逃避周围环境而独自伤神，性格比以前更热情开朗了，在班上也有了自己的知心朋友，课堂上也能配合老师积极回答问题，成绩处于班上前列，并在班上担任学生干部的工作。

案例分析

一个孩子在成长的不同阶段，家庭教育、学校教育和社会教育对其的影响是不同的，而家庭教育对孩子的影响却是贯穿始终的。年龄越小的孩子，受家庭环境的影响越大，因为任何一个孩子的成长都不能脱离父母、脱离家庭而单独进行。在良好的家庭教育环境中，孩子会健康、快乐地成长，并成为品行端正、富有爱心、知善恶、辨美丑、明是非对错的人；而恶劣的家庭环境则会使孩子变得不负责任、

不思进取，甚至成为害群之马，给家庭和社会造成危害。所以，为孩子营造一个良好的家庭环境是至关重要的。

从以上案例中我们可以得知，乐乐情绪障碍形成的主要原因是由于特殊的家庭环境造成的。处于中学阶段的青少年正处在发育时期，还不能承受来自成人社会的种种刺激和压力。因此，不管是从家庭，学校，还是从社会的角度来说，中学生始终都是我们保护的对象。案例中，乐乐某受到家庭环境的刺激，心理上承受了太多的压力，但是由于就学环境的陌生，并没有知心的朋友可以倾诉，因此形成了情绪障碍。

适当的情绪发泄能够有效地减轻心理压力，有益于人的身心健康。当我们感到压力过大时的时候，不妨找几个好朋友聊聊天，或者到清静的地方去游览，这些都能很好地减轻人们在社会中受到的压力，能够帮助人们的身心朝正确的方向发展。中学时期，青少年学习紧张，考试频繁，压力很重，班主任要给予他们适当的文娱时间，避免造成学习疲劳和情绪障碍。

第七编

学生逆反心理辅导

作为班主任，在对待具有逆反心理的学生时，更需要耐心，尽量不要用批评的口吻和他们说话，避免和他们产生不必要的冲突，要通过改变影响学生的家庭教育方式和教育方法使他们消除逆反心理。

没有一个好的思想品德，
便不会有一个健康的学习态度，
因而亦不能有一个好的学习成果。

——田明胜

爱顶撞师长的孩子

小宁是某普通中学初三的学生，学习成绩优良，对数理化特别感兴趣，理科成绩较突出。但他性格倔强，个性刚强，自尊心特强，逆反心理十分严重，经常和父母、老师发生冲突、顶撞，有很强的抵触情绪。

父母、老师越是反对的事情，小宁就越是对着干。在家里，一旦父母不能满足他的要求，他就使性子，以赖在床上不去上学来抵抗父母，弄得父母实在无计可施，有时还得到学校搬来班主任才勉强解决问题。在学校，他这种反抗行为也很尖锐，每当老师批评他时，他眼睛直对着老师，一副不服气的样子，甚至还和老师顶嘴。数学老师因他上课讲话点他名字，从此他专和数学老师作对，上课故意睡觉，不交作业，数学成绩明显滑坡，竟然亮起了“红灯”。

面对小宁的叛逆行为，他的父母实在无计可施，于是就找他的班主任林老师帮忙，林老师说自己对小宁的问题已经注意很久了，并对他的问题进行了总结。他认为小宁的叛逆行为是进入青春期的一种表现，许多青春期的孩子对大人都有一种逆反心理。他们往往把家长和老师的批评与帮助理解为与自己过不去，认为伤害了自己，因而就表现出严重的敌对倾向。分析其原因主要有三个：一是家庭教育方式不当。小宁的父亲是厂技术负责人，工作很忙，和孩子的交流很少，遇到问题就会斥责、谩骂孩子；而他的母亲主要关心孩子的营养状况和学习成绩，忽视孩子的思想教育，认为孩子还小，大了就会懂事的。在孩子的教育问题上，两人的方式也常常不一致。二是个别老师不懂得学生的心理特点，不能正确对待他所犯的错误，处理方式不当，使矛盾冲突日益恶化起来。三是青少年特有的半幼稚、半成熟的特点，使他看问题容易产生偏见，以为与老师、家长对着干很勇敢，是一种英雄行为，因而盲目反抗，拒绝一切批评。

在分析过问题行为原因后，林老师就为小宁制定了相应的辅导方案，其具体方法如下：

1. 争取家长的积极配合。从小宁的父母那里了解他的家庭情况和表现，与他的父母沟通思想，让他们在孩子的教育问题上达成共识，以便对症下药。

2. 改善家庭教育环境。指导小宁的父母阅读一些教育孩子的书籍，提高自身教育水平。创造良好、民主的家庭环境，和孩子交朋友，多鼓励、表扬，少批评、责骂，合理对待孩子的需求，不挫伤他的自尊心，尊重他、信任他。抽时间带孩子到大自然去呼吸新鲜空气，为孩子安排有意义的生日庆祝会，设计各种温馨的家庭活动，利用亲情来感化他，慢慢地消除他的对立情绪。

3. 春风化雨，坚持疏导教育。教师要正确对待这类学生，避免直接批评，不要与他发生正面冲突，要注意保护他的自尊心采取以柔克刚的教育方式。当他犯错误时，不要当着全班同学的面点他的名字，而是在与他个别交谈时动之以情，晓之以理耐心地帮助他分清是非，让他意识到自己的错误，并愿意主动地去改正，逐渐缓解紧张的师生关系。

4. 因势利导，扬长避短。教师要善于挖掘学生身上的闪光点，充分发挥其作用。利用小宁在数理化方面的优势成立一个帮困组，让他担任组长，使他把大部分心思转移到他感兴趣的事情上。相信老师的信赖，同学的支持会使他的态度发生很大的转变。

5. 本人的自我调节。指导小宁阅读一些伟人、科学家成功事迹的书刊，开阔视野，不断激励自己，使他明白只有胸怀宽广，能接受他人意见的人才能成就伟大的事业。把他的注意力引到学习上，启发、诱导他走出错误的心理误区。

6. 经常、持久地进行心理辅导。小宁这种顽固的逆反心理不是一两次说服教育就可消除的，要反复抓，平时多留意观察他的情绪变化，经常与他交流、沟通，深入了解他的内心世界，帮助他解决青春期的烦恼。

通过辅导，小宁的逆反心理已逐渐消除，和父母、老师的紧张关系也得到了缓解。学习比以往更认真了，上数学课还主动举手回答问题，作业也能按时交了，数学成绩很快就跃到了80分以上。尤其可喜的是，“饭来张口”的他在家也能帮父母分担家务了。

案例分析

处于青春期的学生自立、自主意识逐渐增强，他们往往把自己看成大人，认为自己已经是成人了，因此对别人的批评教育很难接受，产生逆反心理。在上面的案例中，学生小宁因为家庭教育的不到位和教师采取的教育方法失当，从而使他产生了严重的逆反心理。但作为他的班主任，林老师能够耐心地对小宁进行观察了解，并与其父母配合，消除小宁的逆反心理，使他能够健康快乐的学习与生活，所采取的上述教育方法显然是极为成功的。

逆反心理的产生是一个长期的过程，它是在生活中逐渐形成的一种习惯。因此，对于逆反心理的辅导也是一个长期的过程，不是一朝一夕的事情。作为班主任，在对待具有逆反心理的学生时，更需要的是耐心，尽量不要用批评的口吻和他们说话，避免和他们产生不必要的冲突，要通过改变影响学生的家庭教育方式和教育方法来消除他们的逆反心理。

要随时随地对学生进行思想品德教育。

——丛爱香

他主动诚恳地向老师道歉了

罗宁是某学校高二年级的学生，性格外向倔强，思维敏捷开阔，喜欢玩电脑，学习成绩一般。他的父亲因病不能坚持工作，长期在家休养；母亲在医院工作，常上夜班，无没有足够的时间照顾他。父母的无暇管理导致罗宁纪律散漫，经常迟到、早退、旷课，无视他人的好言相劝，我行我素，除了在班主任课上课堂纪律好点以外，在其他老师的课上经常以抵触情绪对待老师的批评教育，用不礼貌的语言故意顶撞、激怒老师，老师越生气，他就越高兴。高一下学期时罗宁因旷课节数过多而无悔改之意，被学校记大过处分一次。他认为这是一些老师从中作梗，有意整他，于是怀恨在心，扬言要打老师。

罗宁的班主任何老师知道后，就找罗宁单独谈话，并对罗宁进行家访。通过谈话与家访，何老师对罗宁的情况进行有了大致的掌握，他认为罗宁是一个逆反心理很强的学生，形成这种心理有主观和客观两方面的原因。

主观原因在于罗宁看问题过于片面和偏激。青少年处在认知发展的过程中，思维的独立性和批判性虽有一定的发展，但还很不成熟，往往不能用辩证的眼光看问题，认知偏差度较大。因此，看问题容易片面和偏激，喜欢钻牛角尖，固执己见，行为极端。罗宁把老师看成是“管”他、“限制”他的人，把老师的谆谆教导当成“婆婆妈妈”，把严格管理看成“束缚”，因而怀着强烈的抵触心理和敌对情绪，把自己放在老师的对立面，继而产生很强的逆反心理。

客观原因在于教师和家庭。①教师对罗宁缺乏耐心，说教多于疏导，惩罚多于宽容，看缺点多而不注意挖掘闪光点，在一定程度上伤害了罗宁的自尊心。事实上，对学生过多的指责、埋怨、强迫、命令，等于在师生的心灵之间挖鸿沟，只能增加师生之间不理解和不信任的程度，从而降低教育的效果。从某种意义上说，罗宁的逆反心理是对教师某些不切实际的教育方法的一种反叛惩罚。②罗宁的母亲忙于工作，养家糊口，因精力有限而无暇顾及他；父亲长年生病，心境不佳而导致脾气暴躁，只要听到老师反映罗宁在学校的不良表现，非打即骂。罗宁在家中缺乏父母的关怀与疼爱，不愿待在家里，放学后常常泡在电子游戏室，很晚才回家，导致亲子关系疏远。

何老师对罗宁叛逆原因认真分析后，认为应该尽快帮助罗宁消除逆反心理，他的情况会愈演愈烈，甚至会出现过激行为。于是何老师为他制定了具体的辅导方案，其具体方法如下：

1. 提高罗宁的自我意识水平。常与罗宁谈心，跟他一起全面分析他的优、缺点，要求他从主观上不断加强自我修养，努力提高自我认识、自我体验和自我控制的能力，逐步学会全面、客观、辩证地分析问题和解决问题。

2. 引导罗宁正确对待老师和家长的教育与帮助。要求罗宁把“金无足赤，人无完人”这句俗语写下并贴在家中的书桌上，经常体会其中的含义。告诉他，老师和家长的教育方法有时可能不恰当，甚至是错误的，但可以肯定的是，他们的出发点是好的。作为学生和儿女，是否可以站在老师和家长的角度理解他们的心，原谅他们的错误，学会运用角色转换和心理移位，从而减少逆反心理。

3. 理解、尊重罗宁，真心爱护他。关心罗宁的日常生活与学习，深入了解罗宁的家庭情况。对罗宁因玩电子游戏机而旷课的现象不责骂，而是耐心地晓之以理，并尊重他的知识，向他请教有关电脑方面的问题。罗宁听到老师想跟他学电脑，会感到兴奋与自豪，从而缩短师生之间的距离。使罗宁愿意与老师亲近，愿意听从老师的教导。

4. 挖掘罗宁身上的闪光点，激发他的上进心，变消极心态为积极心态。利用罗宁擅长玩电脑的特点，在班上成立“计算机兴趣小组”，由罗宁担任组长。班上的一些活动计划、总结、统计表等均由罗宁组织同学打印，老师的总结、论文也请他帮助打印。由于角色心理的作用，罗宁能够以班干部的标准来要求自己，把以往的消极心态转为积极心态。在高三上学期末，根据罗宁的申请和表现，校团委批准他加入了共青团组织。至此，罗宁有了成功的体验。

5. 宽容罗宁的“反复”。罗宁的进步并不是一帆风顺的，有时，他经不住电子游戏机的诱惑，又出现迟到、旷课的现象。每当这时，老师不是“揪辫子”、“揭伤疤”，而是抓住他的“反复”进行耐心地启发、教育，促使他继续进步。老师的一再宽容，且宽容中有信任与等待，使罗宁深受感动，终于使他彻底改正了迟到、旷课的不良行为。

6. 加强家校联系。及时将罗宁的点滴进步告知家长，让家长分享罗宁成功的喜悦，促进其家庭气氛的和睦温馨。

通过何老师的精心辅导，罗宁由一个纪律散漫、专与老师作对的学生变为一个关心班集体、积极上进的共青团员，学习成绩也有了显著的提高。更为可喜的是，他主动找与他有过口角的老师承认错误并诚恳地道歉。家长反映罗宁放学后能够按时回家了，能主动承担一部分家务，并耐心照顾有病的父亲，令家长感到十分欣慰。

案例分析

罗宁逆反心理的产生和他所受的家庭环境有很大的关系。可以肯定地说，罗宁的家庭教育非常欠缺,在学校里,教师的教育方法有不妥的地方是导致他逆反心理的主要原因。作为家长,需要给孩子更多的关心,这种关心不仅仅是在物质上,更重要的是在精神上,在孩子的身心健康发展上。作为教师,尤其是班主任,要注意对“问题”学生给予特别的呵护,既要严,又要爱,用一份耐心来消除学生的逆反心理,为学生创造健康的学习生活环境。

与用我们的爱心创造宽松和谐氛围，启迪学生的良知，为他们学会做人奠定道德基石。

——孙洪妍

她走出了早恋的误区

赵蕾是某学校高一的学生,住校,成绩较好,文化课一般,写得一手漂亮的字,喜欢运动,擅长舞蹈,有较好的艺术天赋,身材容貌较好。父亲在某厂任副厂长,母亲为一般工人,家庭条件不错。高一上学期考试过后不久,原来各方面不错的她,出现了旷课、夜不归宿的现象。据同学反映,赵蕾中午、晚上和周末经常和别班某男生在一起,上街、看电影,在娱乐场所出入,甚至夜不归宿。赵蕾的这一反常行为,成了同学们关注的焦点,任课老师对此也有所察觉。班主任范老师找她谈话,她也敷衍了事,表面上答应,但背后却依然我行我素,毫无改善。

由于屡次谈话都不见效 ,范老师认为针对赵蕾不应单单使用谈话方式,应该采取个别辅导,为她制定相应辅导方案。

1. 个别会谈。从关心赵蕾的生活入手与她谈心，真诚赞美她的优点和长处，班主任主动邀请赵蕾谈她的过去，并以朋友的身份答应她谈话内容绝对保密，让她放心。这样赵蕾逐渐敞开心扉，主动讲出自己的烦恼，家长及老师、同学的不理解，还总认为她有越轨行为。家长对她要求很严，周末和假期外出玩，都有严格的时间限制，回家稍晚些就会受罚，她觉得自己家和别人家不一样，她不喜欢回家。班主任在了解她的内心世界和心理状况后，和她一起认真分析，并找出问题的根源，定出计划，重新认识自己，树立自信，改变自己。班主任告诉她要把精力投入到学习上，并发挥她写字、画画特长，让她担任班级宣传委员，负责班上的板报工作。

2. 争取家长积极配合。教师与家长交谈时，首先肯定赵蕾的特长、优点，使交谈从愉悦开始，在谈及赵蕾的一些行为时，避免用“早恋”等名称，启发诱导家长要尊重孩子，理解孩子，要以知心朋友的态度与孩子沟通，只有这样，才能赢得孩子的信任，更好地了解孩子的内心世界。同时，在尊重、理解孩子的基础上，关注孩子的学习生活，使孩子感到家的温暖，帮助孩子解除青春期的迷惘。家长表示在尊重孩子自尊心的基础上与班主任配合，帮助孩子早日走出早恋误区。

3. 利用班会进行心理辅导。进行正确的人生观、价值观和恋爱观教育，让学生树立远大理想，找好自己人生的坐标。启发引导赵蕾正确对待认识自己的行为，教育女生要懂得自尊、自强、自爱、自立，男生要懂得尊重女生。让学生知道，早恋固然不妥,但一旦发生早恋,也并非是做了什么坏事。一个人爱别人和被爱都是一种非常幸福的事情,只是处在青春期的中学生由于生理和心理尚不成熟,正处于求学时期,不具备处理恋爱、婚姻的条件。如果一个人真的爱另一个人,应该努力完善自己,努力使自己成就一番事业,为对方创造各种通向幸福的条件,抓住自己青春期记忆力好,易于接受新事物这一大好时期好好学习,培养创造能力,为将来走向社会,成就大业打好基础。同时,还教学生如何与异性交往,保持一定距离,相互帮助,共同进步。学会保护自己,学会对自己负责、对别人负责,从而避免进入情感误区。

4. 写日记。鼓励赵蕾坚持写日记,锻炼自己的意志,最主要的是可以自省、自纠,不断完善自我,使自己不断成熟。

5. 读好书。推荐她在假期读一些积极向上的好书,如《中学生素质修养》、《保尔·柯察金》等,并写读后感,让她在一种健康良好的文化氛围中,思想认识得到升华,走向成熟。

6. 用爱感化。①给赵蕾及同月份的同学过集体生日,安排丰富的娱乐活动,让赵蕾当寿星角色,充分体会集体的爱;②当赵蕾生病时,请她到家里,给她做可口的饭菜,让他体会到老师的关爱,家有温暖;③平时,让一位上进自律性强的班干在学习、生活上影响帮助她。

7. 挖掘她个人潜能,给她各种表现机会。鼓励她参加学校的各种活动和比赛,参加学校的田径队、舞蹈队;担任学校早操、课间操的领操员;参加学校举行的专业技能比赛,发挥她的专业特长，鼓励她取得制图、设计比赛的好名次，增强她的荣誉感和自豪感。同时，还鼓励她参加全国中小学生书法比赛，获中学组硬笔书法优秀奖。这些都大大激发了她热爱集体、珍惜自己荣誉的情感。

班主任通过尊重、理解、关爱和引导等方法进行辅导，加上家长的积极配合，赵蕾的思想意识有了很大改变，认识到早恋的害处，能端正自我，回到了班集体之中，减少了与男生的个别来往，各方面有了很大进步，学业也取得了很大收获。

正处在青春期的中学生在生理和心理上都发生了很大的变化，异性之间相互吸引，成为了青春期的主要特征。这个阶段的学生，最让教师和家长头痛的就是学生的早恋问题，这是一个无法回避并值得正视的问题。

对于学生的早恋，教师和家长仍然要以教育辅导为主，避免采取强硬的措施。班主任教师尤其应做到以下几点：首先要肯定异性之间产生“好感”是正常的生理现象；其次，要肯定学生的主要任务就是学习，要充分锻炼自己的能力，修学储能，以后方能在社会中游刃有余；再次，要让学生明白，在学生阶段的恋爱是不成熟的，是带有感性色彩的，还没有进入的理性阶段。班主任要经常与学生的家长保持联系，常沟通，确保学生身心能够积极健康地发展。

播种行为，可以收获习惯；播种习惯，可以收获性格；播种性格，可以收获命运。

——萨克雷

他变成了听话的好孩子

小刚是一位聪明而又有个性的男孩，在他八岁时母亲离家远赴广州工作，此后小刚就一直跟着父亲生活。父亲因运输钢材的工作需要，一般都凌晨起床上班，晚上七八点钟回家，所以小刚平时在姑姑家吃饭，之后在剩下的大多数时间里独处家中。因担心小刚缺少母爱及父亲的关怀，性格会受到影响，父亲、姑妈及其他亲戚朋友对他都十分的宠爱，尽量满足他的要求，给他的零花钱也十分充足。

小刚就读的中学是一所城郊结合的普通中学，但因实际需要，学校实施了分层教学，从初一年级学生近 400 人中挑选，组成两个实验班，所以班里的学生学习都很优秀。但是小刚并不把那些好学生放在眼里，自从他进入这个新学校以来，他的外在表现比较自以为是，上课爱和别人说话，经常顶撞老师，总是讽刺、挖苦同学、老师，自尊心强，受不了委屈，常受到任课老师的训斥，但又不轻易接受批评。小刚因这些不良的生活、学习习惯，不被老师信任和重用，心理不平衡，常挑他人的毛病，成了一个不受老师、同学欢迎的学生。

于老师是小刚的班主任，她认为如果让小刚的坏毛病继续下去，不仅会影响别人，还会自毁前程。因此，于老师决定帮助他，让他摆脱不良习惯。于老师对小刚的问题行为进行了原因分析，总结如下：

1. 由于小刚父母没有对他进行细致的引导、教育，导致他待人接物缺乏起码的礼节，给人留下自高自大，目无尊长的印象。

2. 由于母亲的离去，导致他对什么事情都十分敏感。

3. 自我感觉良好，别人受表扬或重用，他心里不平衡。

4. 一直在亲戚朋友的宠爱下生活，使他有极强的自尊心，难以接受他人的批评意见，并逐步养成了一种逆反心理。

父母分居、家庭破裂使小刚敏感、洞察力强；父亲、姑姑等教育的不当、班级环境的竞争力使小刚心理严重失衡，产生了叛逆、不平衡和目中无人等心理偏差。

了解了原因，于老师开始“对症下药”，她决定对小刚实施多渠道、综合性的辅导。首先对其本人通过面谈交流直接辅导，主要是进行待人接物、宽容和体谅他人等方面的教育，培养小刚主动问候他人的行为习惯。其次对影响小刚的因素采取一定的措施，主要是加强与其任课教师、父母、同学的沟通，取得他们的配合。

1. 与任课教师沟通。经常将小刚情况反馈给任课教师，希望他们给小刚多一些关注和机会，让小刚感受到集体的温暖、老师的爱心。

2. 与小刚父亲、姑姑的沟通。了解小刚在家情况，对他家庭情况表示同情，并与他们一起商量转变小刚的方法。

3. 与小刚同班同学的沟通。有意识地找到一些素质较好的同学，对他们提出要求，让他们多带小刚参加活动，与小刚交心，主动关心他，帮助他一同进步，同时与他们一起商量帮助小刚的方法、时间、内容等。

通过班主任的帮助，小刚在慢慢地转变。以前自高自大、目无尊长，而现在会主动向老师问好；以前拒不承认错误、从不道歉，现在会主动诚恳地向人道歉。

现在小刚已成为班主任绝对的好帮手，课堂上总能看见他专注的眼神，班级管理工作他也积极参与……当然，在家里小刚还会时不时地任性一下，但是，经过劝说与教导，他就会主动承认错误。

案例分析

从结果来看，这次辅导基本上是成功的，对其辅导还将持续下去，直至小刚完全通情达理为止。

从过程来看，对于那些迷途的、单亲家庭的学生孩子，要给予更多的关心和帮助，要从内心给予尊重并积极引导；时刻牢记要转变一个学生并非是一件容易的事，而是一个需要耐心的持久“工程”。

家庭、学校、环境教育对青少年的影响是非常大的，一个孩子是否健康成长与他周围的环境有着至关重要的关系。因此，提高家长的素质和教师自身的素质尤为重要。教育事业的发展需要学校、家庭来共同支撑。

只有能够激发学生去进行自我教育的教育，才是真正的教育。

——苏霍姆林斯基

他的怒气少了，微笑多了

徐凯是初中三年级的学生，性格外向，脾气暴躁。在校经常打骂同学，暴躁伤人事件屡屡发生，严重违反行为规范，他的行为引起了班上同学的极大反感和很多家长的强烈不满。

据了解，徐凯自入学以来，暴躁伤人事件屡屡发作：无经常无缘无故打同学，揪女同学的辫子、咬同学的手……上课影响其他同学，简直是一个“小恶霸”，严重违反了学校行为规范。在家里也很不听父母的话，经常发脾气，动辄摔东西，与父母吵闹。他的爸爸坦然自身修养不高，对孩子的管教较粗暴，一不听话，不是打就是骂。徐凯是特别喜欢爱攻击性较强的漫画、影视作品等，这又为他提供了模仿攻击行为的条件。

他的行为引起了班主任吴老师的注意。吴老师认为，从暴力现象看，徐凯的行为是一种攻击性行为。而攻击性行为不外乎三种：暴力攻击，动作攻击和言语攻击，对于徐凯来说，这三种行为兼而有之。具有任何一种不良行为，一般都具有一定的起因，要帮助他们改正这些不良行为，首先应找到引起这一行为的原因。因此，吴老师制定了相应的辅导措施，对他进行帮助。

1. 父母的配合。人们都说："父母是孩子的第一任老师。"经过和徐凯父母长时间的沟通，在如何教育徐凯的问题上，吴老师与其父母逐步达成了共识。吴老师劝导徐凯的爸爸不可用简单粗暴的方法对待孩子，要多和儿子相处、交谈，用温情和儿子沟通。从那以后，吴老师就很少听到徐凯爸爸打儿子的事了。徐凯特别爱看打斗的场面，还时不时地拳打脚踢进行模仿。对此，吴老师与他父母交换意见，让他父母引导徐凯改看一些既有教育意义，孩子又喜欢爱的书报和影视作品。当孩子的坏习惯逐渐改变时，吴老师又要求他的家长即时给予表扬、激励，并用奖励的方法给孩子买些学习用具、玩具等，从正面对孩子的行为予以肯定。

2. 教师的教育。吴老师积极地与徐凯作交流，并耐心地对他说："你把自己的快乐建筑在别人的痛苦之上，是不对的，对别人对自己没有任何好处。如果你是被打的同学，你有什么感想？多想想自己给别人带来的痛苦，决可以不再干！老师相信你会努力去改的！"

吴老师还在班中要求同学要谅解徐凯，不与他"对着干"，而要采取冷却、忍耐的方法。自我强化是指学生对达到某种成就的标准。吴老师告诉他如果一周内没有攻击性行为发作或者没有一节课影响课堂秩序，可以选择自己喜欢的方式对自己进行奖励，如成为光荣的升旗手，在班上公开表扬等，让他充分体验成功的欢乐，不断进步。

经过班主任、家长和同学的帮助，徐凯易怒、暴力的情绪逐步稳定下来，他脸上的怒气少了，微笑多了，和同学的关系在一天天地改善，也乐意为班级、同学做好事了，老师和同学们都情不自禁地说："徐凯的转变可真大啊！"

上述案例突出的表现了中学生强烈的逆反心理。逆反心理在心理学中指的是一种比较稳定的，对客观事物表现与一般人对立或相反的情绪体验或行为倾向。在中学生中，逆反心理尤为突出。

青少年往往自尊心、虚荣心较强，不允许别人轻易否定自己的思维成果，把它看作是对自己尊严的强烈挑衅，对父母老师的管教产生强烈的逆反。逆向思维的形成，为逆反心理提供了基础，而思维形式的成熟与思维内容的贫乏为逆反心理提供了可能。可以说逆反心理是思维能力高速发展与社会经验相对停滞的矛盾带来的，究其原因是成长的烦恼。

随着学生的成长，这种叛逆的想法越来越强，而又没有找到合适有效的渠道通家长老师沟通或宣泄，这种想法最终会爆发为行动，转化为和父母老师的对抗。

作为班主任和家长，要正确看待学生逆反心理。逆反心理是学生进入“心理断乳”期的正常表现，叛逆意味着成长，成长意味着进步，成长中的问题只能在成长中来解决，只要家长和教师给予处在叛逆期的学生足够多的尊重和认同，再加上必要的耐心，帮助他们走过这一阶段，绝大多数的学生最终会选择回归，重新建立起融洽和谐的亲子关系和师生关系。尤其是作为班主任，要时刻关注学生的一举一动，如果出现逆反现象，就及时找出病因，并与其家长配合一起解决。

要学生做的事，教职员躬亲共做；要学生学的知识，教职员躬亲共学；要学生守的规则，教职员躬亲共守。

——陶行知

自由散漫学生的变化

王伟是初中一年级的学生。父亲管得非常严厉，简单粗暴，很少与孩子交流，造成王伟不敢与父亲说话。王伟的母亲能注意孩子的想法，尊重孩子，经常与孩子谈心。

王伟刚入中学，不适应学校的规章制度的约束，纪律差。同学之间的互不相让更是让他无法接受。他想当干部，因表现不好，未能如愿；他自尊心强，又好表现，可因人际关系差，没人听他的指挥。故班主任常向家长反映，家长的批评也逐渐增多，事事不顺心，引起他对班主任和家长的不满，滋长了报复心理和攻击性行为，经常无理取闹，惹是生非，甚至有时还暴跳如雷。王伟聪明，脑子灵活，也想进步。有时上课较专心，对老师提出的

问题，能积极大胆地发言，好表现自己，总希望能在大家面前露一手，得到夸奖，但又因管不住自己，常常在课堂上做小动作，得不到老师和同学的信任，反过来又挫伤了自尊心。

他的班主任认为，王伟不良的家庭教育环境使他养成了“以我为中心”的心理和自由散漫的个性。进入中学后，因行为习惯不好，与同学们不能友好相处而经常受到批评指责，产生了逆反心理，并形成了心理障碍。他易冲动，自控能力差，只要有一件不如意的事就会使他忘记场合，忘记对象大闹一番，以发泄心中的不满。另一方面他思维方式偏激，心胸狭隘，敏感多疑，不能正视自己的缺点，总认为是别人和他过不去，对老师、同学与家长的批评极为反感，老是怀疑别人在说他的坏话。他的班主任认为不能放任他散漫个性，应对他进行辅导，让他尽快摆脱回归班集体。因此制定了以下辅导方法：

1. 加强家校联系：班主任经常打电话或直接与其家长交谈，让家长及时了解王伟在校的表现，共同制定教育策略，并严格执行。

2. 讲究辅导方式：用尊重、平等、商讨问题的方式与其沟通。并逐步培养他有话好好说、心平气和地与他人交流的习惯。

3. 多表扬鼓励：全面分析王伟的优缺点，及时发现他的闪光点，多给他一些机会参加集体竞赛活动，满足他的自尊需求。

4. 帮助王伟制订阶段目标，并督促其实现。如有进步，马上给予表扬，推动他改正自己的不良行为习惯。

王伟在班主任和家长的特别关怀下有了进步。上课专心听讲，情绪特别高涨，能积极举手发言，回答问题声音特别响亮。有时他不守纪律，被老师批评也能虚心接受，表示要改正。与同学之间的摩擦也减少了。当然，王伟的许多毛病不是一下子都能改过来的，经常还会反复，需要大家耐心帮助。但是相信在班主任和家长的密切配合下，随着年龄的增长，他的心理问题会得到疏解，他的不良行为会得到矫正。

案例分析

逆反心理只是学生复杂心理斗争的一个缩影，一方面学生渴望和周围人不一样，希望突出自我，另一方面他们又希望和周围人一样，以获得足够多的认同，“别的同学都有”是很多学生让父母买东西是最常用的理由。对整个学生人群而言，他们一方面要显示出与成年人的不一样，比如喜欢听让成年人血压升高的歌曲，说着成年人听不懂得名词，另一方面他们又渴望早日成年，模仿成年人的生活，所以有的学生会用吸烟、早恋等标志性的符号给自己打上一个“我长大了”的标签。总而言之逆反心理不能简单地理解为学生凡事都要拧着干，处处和大人作对，只要学生有被认同的需要，他们就有机会被转化。

当学生在课堂上发表出人意料的言论时，教师不能简单地认为他是在故意和老师作对或者是在哗众取宠，而简单粗暴的训斥教育，也不能一味采取“冷处理”，把学生晾在一边，而应该看到他背后隐含的心理符号,比如:“我太孤独了,我太需要理解了,他们都不理解我,快来关注我吧。”尤其是作为班主任应该寻找机会多和他们沟通,多听听他们怎么说可以减轻他们的压力,增加他们被认同被肯定的感觉。很多喜欢在课堂上“抬杠”让老师难堪的学生,他们这种逆向思维的能力完全可以开发利用到学习中,启发他们把这种挑毛病的习惯用在做题上,挑出题人的毛病,通过这种方法理解出题人的意图,从另一个角度去看所学的知识结构。